A HISTÓRIA NÃO CONTADA DO MAIOR ACIDENTE AÉREO DA AVIAÇÃO BRASILEIRA

A HISTÓRIA NÃO CONTADA DO MAIOR ACIDENTE AÉREO DA AVIAÇÃO BRASILEIRA

EDUARDO LEMOS BARBOSA

3ª EDIÇÃO

Editora de produção: Eliane Otani
Projeto gráfico e diagramação: Otani Editorial
Capa: Eliane Otani, adaptada das edições anteriores

Bridge3 | Soluções e Educação Ltda.
www.bridge3.com.br
São Paulo, SP, Brasil
(+55 11) 93900-9108
contato@bridge3.com.br

A Bridge3 é comprometida com os princípios ambientais, sociais e de governança. Neutralizamos o carbono do processo editorial e da distribuição do livro, por meio da Iniciativa Verde, que efetua o reflorestamento a fim de compensar as emissões de gases de efeito estufa (GEE). O papel utilizado provém de floresta certificada, comprovado pelo selo FSC. Preservando o meio ambiente, construiremos um mundo melhor. Atuando com os princípios da economia circular e regenerativa, garantimos não apenas a nossa própria sobrevivência, mas também o seu legado e de todos à sua volta.

Dados Internacionais de Catalogação na Publicação (CIP)
(Câmara Brasileira do Livro, SP, Brasil)

Barbosa, Eduardo Lemos
A história não contada do maior acidente aéreo da aviação brasileira / Eduardo Lemos Barbosa. -- 3. ed. -- São Paulo : Bridge3, 2024.

ISBN 978-65-982499-0-8

1. Acidentes aéreos - Brasil 2. Acidentes aéreos - Famílias das vítimas 3. Afavitam (Associação das Famílias Vítimas do Voo da TAM) 4. Direito de família I. Título.

24-190764 CDD-629.130981

Índices para catálogo sistemático:
1. Brasil : Acidentes aéreos : História 629.130981
Tábata Alves da Silva - Bibliotecária - CRB-8/9253

Impresso no Brasil | *Printed in Brazil*

São de responsabilidade do autor as informações contidas nesta obra.
Os nomes de algumas pessoas são fictícios, a fim de preservar a identidade pessoal.

NOTA DA TERCEIRA EDIÇÃO

NEM PARECE QUE isto está acontecendo... chegando à terceira edição!

Estou muito feliz com o sucesso deste livro, tanto no meio jurídico como com o público em geral.

Como já escrevi anteriormente, o que vivi, junto aos familiares das vítimas do acidente, nas reuniões da Afavitam, nas viagens para Miami, para acompanhar o desenvolvimento do processo indenizatório, sob as regras da *common law*, foi uma experiência extraordinária na minha vida – e eu me sentia na obrigação de compartilhá-la.

Testemunhando o interesse de todos nessa leitura, fico profundamente gratificado e sinto-me imensamente recompensado por todo o esforço que fiz para que este livro surtisse um efeito junto à sociedade de modo geral.

Nos mais diversos ambientes, escuto de leitoras e leitores, incluindo pessoas não ligadas ao Direito, muitos elogios, no sentido de ser uma leitura cativante e que desperta um sentimento de resiliência.

Sendo assim, convido os que ainda não leram a ingressarem no universo da história desse fato que mudou a vida de muita gente, inclusive, a minha.

Boa leitura!

AGRADECIMENTOS

AOS AMIGOS QUE fiz, que me honram com sua amizade – nascida em função do meu trabalho relacionado à tragédia – e que se tornaram inseparáveis, Josmeyr Alves de Oliveira, Rubens Seidl, Aldacir Seidl, Luiz Roberto Arruda Sampaio, Selma e Deize.

À jornalista e amiga Teresinha Tarcitano, que colaborou de maneira muito importante para a realização desta obra.

Ao meu grande amigo Domingos Martin, que sempre me incentivou a atuar nas indenizações.

Ao presidente do Conselho Federal da Ordem dos Advogados do Brasil (CFOAB), meu amigo e irmão, Claudio Pacheco Prates Lamachia, que, desde os tempos de faculdade na PUC-RS, já se mostrava um líder; que sempre acreditou em mim e me estimulou na luta pela advocacia, tornando-se uma verdadeira inspiração.

Aos amigos de todas as horas: Edson Freitas Siqueira, que me estendeu a mão quando precisei, e Rolf Madaleno, por suas palavras certas.

Aos meus queridos prefaciadores, Luiz Fernando do Vale de Almeida Guilherme e Mário Luiz Delgado.

Faltariam linhas para elencar todos...

Esta terceira edição, que me deixa extremamente orgulhoso, haja vista a comprovação do interesse do público em geral, e não somente de operadores do Direito, traz um componente mais atualizado no que tange às questões indenizatórias.

É impressionante como esse acidente, que foi o maior da história da aviação brasileira, ainda surte intensos efeitos jurídicos.

Assim, renovando os votos a todos que contribuíram e já foram citados nas edições anteriores, gostaria de cumprimentar a Daniela Manole, CEO da Bridge3, por sua crença nesta obra.

SUMÁRIO

PREFÁCIO À SEGUNDA EDIÇÃO

O PRESTIGIADO DR. Eduardo Barbosa, já há muito reconhecido no cenário nacional por sua militância no âmbito da Responsabilidade Civil e do Direito de Família, vem presentear o leitor com a obra que temos em mãos.

O tema, por si só, já é bastante polêmico, pois se trata de um caso de grande comoção nacional: o desastre envolvendo o voo JJ 3054, operado pela TAM, que, em julho de 2007, ao tentar pousar no aeroporto de Congonhas, São Paulo, não conseguiu frear, culminando em 199 vítimas fatais.

É sobre o maior desastre aéreo da história brasileira que o consagrado autor lança, com a precisão e a leveza que a matéria pede, uma obra pioneira, revisitando os fatos e mesclando romance e Direito.

Por tais razões, o presente livro é altamente recomendado não só para o público leigo, em razão das implicações e dos dramas pessoais surgidos com o acidente, como também para os amantes de Têmis.

Os diálogos, em tom narrativo bastante preciso, envolvem o leitor, transportando-o para dentro da tragédia vivenciada pelas famílias das vítimas do fatídico voo, sem qualquer sensacionalismo ou vulgarização do tema.

Ainda que, em outros países, já tenham sido editados inúmeros livros, filmes e séries sobre o dia a dia forense, o tema ainda é relativamente novo no Brasil. Também nesse campo, é pioneiro o nobre colega autor, tratando da atuação do advogado em um processo delicado.

O dr. Eduardo Barbosa abrilhanta a obra com diversos comentários de natureza principiológica e doutrinária, em linguagem acessível, inclusive, para aqueles que não militam no campo jurídico.

Aliás, o autor dispensa apresentações. Apenas de passagem, diga-se, é advogado há cerca de 30 anos, com pós-graduação em Direito de Família pela Pontifícia Universidade Católica do Rio Grande do Sul (PUC-RS). É conselheiro estadual da Ordem dos Advogados do Brasil da Seccional do Rio Grande do Sul (OAB-RS), membro da Escola Nacional de Advocacia do Conselho Federal da Ordem dos Advogados do Brasil (ENA-CFOAB) e, ainda, Diretor da Escola Superior de Advocacia (ESA) do Rio Grande do Sul e do Instituto Brasileiro de Direito de Família – Seção do Rio Grande do Sul (IBDFAM-RS).

São mandatórias as seguintes obras do dr. Eduardo Barbosa: *Responsabilidade civil em direto de família* e *Direito de família nas questões empresariais.*

Por essas razões, devo confessar que me senti bastante honrado com o convite feito pessoalmente pelo dr. Eduardo Barbosa para prefaciar a segunda edição desta obra, sem dúvida polêmica, mas inédita e necessária em nosso mercado editorial.

Luiz Fernando do Vale de Almeida Guilherme
Advogado, sócio do Almeida Guilherme
Advogados Associados. Mestre e Doutor pela Pontifícia
Universidade Católica de São Paulo (PUC-SP).
Professor de Direito de diversas faculdades. Autor*
*de diversos artigos e livros jurídicos**.*

**Faculdade de Direito da Universidade Presbiteriana Mackenzie (UPM), da PUC-SP, da Fundação Armando Alvares Penteado (Faap), da Escola Paulista de Magistratura, do IBMEC-SP, do Complexo Educacional Damásio de Jesus e da Faculdade Santa Marcelina.* ** Manual de arbitragem *(Saraiva),* Código Civil comentado *(Manole),* Manual de Direito Civil – Tabela com resumo e questões de concursos e da Ordem *(Manole),* Manual dos MESCs – meios extrajudiciais de soluções de conflitos *(Manole) e* Comentários à Lei de Locações – Lei n. 8.245, de 18 de outubro de 1991 *(Manole).*

PREFÁCIO À TERCEIRA EDIÇÃO

ÀS 18H48, NO dia 17 de julho de 2007, um avião descontrolado não conseguiu parar no Aeroporto de Congonhas, chocando-se contra o terminal de cargas da companhia, provocando uma explosão que vitimou 199 pessoas. A obra que tenho a honra de prefaciar à sua terceira edição conta a história que se seguiu ao maior acidente aéreo da aviação brasileira.

Eduardo Lemos Barbosa é advogado consagrado no âmbito da Responsabilidade Civil, ocupando, atualmente, o cargo de presidente da Comissão Nacional de Responsabilidade Civil do Conselho Federal da Ordem dos Advogados do Brasil (OAB).

Como advogado e cultor do Direito, foi testemunha ocular da tragédia que nos alcança pela narrativa de sua trajetória, em que mescla dramas pessoais vivenciados pelas famílias das vítimas com noções jurídicas do Direito Comparado, especialmente da *common law*, destacando-se, nesse particular, o olhar acurado do autor para os novos contornos da reponsabilidade civil na sociedade globalizada, apontando a precisa distinção entre *punitive* ou *exemplary damages* e os *compensatory damages* (indenização compensatória).

Aliás, ao contrário do que pode parecer, o nosso ordenamento jurídico não é avesso à doutrina norte-americana dos *punitive damages*. É consenso na doutrina e na jurisprudência que o valor da indenização deve levar em consideração não apenas a extensão do dano, mas também a capacidade econômica da vítima e do agente e o caráter pedagógico da indenização, apto a desestimular a repetição da conduta social indesejada.

O vocábulo responsabilidade, em sua conformação tradicional, sempre esteve ligado à ideia de garantia ou segurança de restituição ou de compensação. E o protagonista dessa relação jurídica sempre foi o autor do dano, ou seja, a pessoa que deveria suportar, em certas condições, as consequências de seus atos. A identidade do agente era fundamental para que se pudesse atribuir a obrigação de indenizar.

Isso mudou! Vislumbramos, com Eduardo Barbosa e suas incursões no Direito estadunidense, que a tendência atual da responsabilidade civil é a de proteção integral das vítimas de danos, assegurando-lhes, em qualquer hipótese, a cobrança da indenização, seja do autor do dano (quando identificável), seja de terceiro a quem é atribuída a obrigação de indenizar. Numa sociedade de massas, e de consumo em massa, é inadmissível que as eventuais dificuldades para se apontar o verdadeiro responsável pelo dano inviabilizem a reparação, que constitui direito fundamental da pessoa humana.

O autor trabalha com maestria os desdobramentos do flagelo pessoal daqueles que sobreviveram ao acidente, perdendo, no entanto, parte de suas vidas, a partir de um diálogo iterativo dos elementos jurídicos com as realidades de cada família. Talvez esse seja um dos principais diferenciais deste livro, que tanto instrui como emociona: sobrepor sentimentos e emoções ao "juridiquês". Compreendendo o drama pessoal dos seus clientes, pelas irreparáveis perdas sofridas, o autor descreve, com acurada sensibilidade, as relações pessoais que construiu ao longo dos processos que patrocinou, irmanando-se no sofrimento de seus constituintes. A obra soube apreender essa singularidade.

Em tudo, Eduardo Lemos Barbosa merece encômios: por haver conseguido sintetizar os desdobramentos jurídicos do acidente, com objetividade e sensibilidade, revelando cultura jurídica na análise realizada e bom senso ao lidar com vidas humanas tão sacrificadas.

Só o futuro o dirá, mas talvez não seja ousadia nossa prever que este livro influenciará novas perspectivas e abordagens dos operadores do Direito que lidam com desgraças semelhantes, as quais haverão de contribuir para transformar o contencioso da responsabilidade no transporte aéreo.

Mário Luiz Delgado

Doutor em Direito Civil pela USP. Mestre em Direito Civil Comparado pela PUC-SP. Membro da Academia Brasileira de Direito Civil (ABDC). Membro da Comissão Especial do Senado Federal para Reforma do Código Civil. Presidente da Comissão de Assuntos Legislativos do Instituto Brasileiro de Direito de Família (IBDFAM). Advogado, professor e parecerista.

APRESENTAÇÃO

NO ANO EM que completou uma década o mais trágico acidente aéreo já registrado em território nacional, envolvendo um avião da TAM que seguia de Porto Alegre para São Paulo, foi oportuno o lançamento da primeira edição desta obra corajosa e comovente, que aborda os bastidores da disputa judicial empreendida por parentes de muitas das 199 vítimas do trágico acontecimento. A segunda, bem como esta terceira edição, não muda os fatos nem o sofrimento das vítimas, mas incorpora um capítulo sobre a infindável luta das famílias no que diz respeito às indenizações.

Escrito pelo dr. Eduardo Lemos Barbosa, advogado de algumas dessas famílias, este livro oferece ao leitor a oportunidade de conhecer relatos de superação e verdadeira fraternidade. Ao mesmo tempo, a obra põe em evidência o mais importante e nobilitante aspecto da advocacia: a dimensão humana da profissão, cujo exercício nos conduz a lidar com dramas e conflitos que, com frequência, transformam decisivamente a nossa vida, impelindo-nos a não medir esforços para reduzir o sofrimento alheio, o qual acaba por também se tornar nosso.

O livro que ora se publica contém inúmeras lições de Direito, ministradas com admirável naturalidade pelo dr. Eduardo Lemos Barbosa. Todavia, acima de tudo, fica-nos a extraordinária lição de humanismo, fundamentada no genuíno sentimento de solidariedade.

O autor merece, portanto, as mais sinceras congratulações pela iniciativa de compartilhar conosco sua experiência pessoal no curso de uma história que, em virtude de suas graves consequências humanitárias e de suas relevantes implicações jurídicas, não pode ser esquecida pela sociedade brasileira. Embora particulares, as vivências narradas têm valor universal, concedendo à obra um caráter profundamente edificante para todos os seus leitores.

Claudio Lamachia
Advogado e Presidente do Conselho Federal da OAB.

INTRODUÇÃO

A VIDA DA gente pode mudar em um lapso de tempo ínfimo.

O dia 17 de julho de 2007 mudou a vida de centenas de pessoas. Depois das 18h48min50s daquela terça-feira, as famílias de 199 vítimas que faleceram naquele instante nunca mais foram as mesmas. O destino de mulheres, crianças, homens e idosos(as) foi tragicamente alterado para sempre.

Além dos familiares, também amigos e profissionais (advogados, psicólogos, psiquiatras, promotores, delegados, entre outros) que trabalharam naquele acidente tiveram seu futuro alterado.

A própria aviação comercial brasileira foi modificada, tornando-se mais exigente em várias questões, como segurança nas aeronaves e nas pistas dos aeroportos.

Como advogado que atuou diretamente no acidente, convivendo por cerca de três anos com as famílias das vítimas, presenciando sua dor, sua ira, suas lágrimas e seu inconformismo em ter perdido seus familiares daquela maneira abrupta, estúpida e dramática, nunca, até hoje, consegui esquecer esse passado.

E foi nesse sentido que, ao longo dos anos, a ideia de contar a história deste que foi o maior acidente da história da aviação brasileira me perseguiu.

Um ano e meio antes de lançar a primeira edição, portanto, em 2015, comecei a escrever os fatos, as questões jurídicas (com ação internacional, inclusive), os aspectos internos do acidente e a importância da Afavitam (Associação das Famílias Vítimas do Voo da TAM), com o objetivo de transformar luto em luta, a favor dos direitos, em todos os aspectos, dos filhos, pais, mães, maridos, esposas, sobrinhos, primos e avós daqueles que faleceram no terrível acidente.

Acidente que poderia ter sido evitado.

Em uma visão pessoal, relato também como a minha vida foi totalmente modificada, alterando o rumo do meu destino pessoal e profissional.

Esses familiares são verdadeiros heróis, lutadores incansáveis que travaram batalhas contra poderosas empresas governamentais e particulares, com o intuito de buscar justiça para a vida dos que se foram!

E assim, preservando a intimidade das pessoas, conto a luta dessas famílias e dessa associação que foi única no mundo, para que toda essa história não seja esquecida!

PARTE 1

OS RELATOS

CAPÍTULO 1

CONVITE

ERA UMA MANHÃ chuvosa de segunda-feira quando Renata entrou na sala do meu escritório. Havíamos conseguido um acordo no seu processo e, assim, ela estava aliviada.

Conversando, após um segundo cafezinho, Renata me convidou:

— Gostaria de ir à missa de trinta dias do falecimento de meu irmão?

— Como assim?

— Ele morreu no voo da TAM, o nome dele é André e morava em São Paulo, com a mulher. A verdade é que meus pais e eu também não somos íntimos da minha cunhada.

— Ah, é?

— Sim. Meus pais estão muito mal. Arrasados!

— Imagino.

— Eles não têm advogado, e acho que talvez você pudesse os ajudar.

— Bem, se você acha... - respondi.

— Acho mesmo. Estará presente toda a diretoria da empresa em que meu irmão trabalhava, e meus pais estão precisando de um advogado. Acho que você pode os assessorar.

— Está bem. Onde é?

— Você não imagina; é na igreja bem perto do seu escritório.

— Que coincidência!

— Esperarei você lá. Começa às dezenove horas.

— OK. Obrigado pela confiança.

E, assim, acompanhei a Renata até a porta de saída do escritório, imaginando o que ocorreria naquela missa.

Eu mal sabia que aquele convite mudaria a minha vida para sempre!

Cheguei à Igreja pontualmente às sete horas da noite. Achei incrível que fosse uma igreja a quatro quadras do meu escritório. Ainda mais sendo uma igreja pouco conhecida na cidade.

Fui me aproximando, tentando localizar alguém conhecido – principalmente, a Renata. Logo, vi os diretores da empresa, pessoas de muito destaque no cenário empresarial do país.

E lá estava a Renata, junto a um casal de mais idade, que concluí serem seus pais, bem na primeira fileira de bancos.

Na fileira de trás, estavam os diretores da empresa.

A igreja estava com metade dos assentos ocupada, pois era muito grande, e imagino que havia cerca de cinquenta pessoas naquela ocasião.

Sentei-me no banco de trás, um pouco sem jeito e observando tudo.

A missa foi bem emocionante, com muitas homenagens a André, que levavam os pais dele a um choro contínuo e quase incontido.

Fiquei muito sensibilizado pela dor deles. Ao final, todos os diretores da empresa foram se solidarizar com os dois e Renata.

Procurei esperá-los na soleira da porta da igreja, quando todos já tivessem saído. Logo Renata me viu e me apresentou aos seus pais, dona Ligia e *seu* Pedro. Em poucos minutos, percebi que se tratava de um amor de casal.

Estavam destruídos emocionalmente. A mãe, Ligia, só falava que queria logo se encontrar com seu filho. E *seu* Pedro dizia que a vida tinha perdido a graça para ele.

Ainda assim, eram carinhosos e meigos, além de muito educados.

Ficamos conversando nas escadarias da igreja por mais de uma hora. E foi muito produtiva a conversa, pois, ao final, convidaram-me para ir à casa deles, no dia seguinte, pela manhã, para prosseguirmos a conversa.

No dia seguinte, às nove horas da manhã, cheguei à residência da família Lima. Era uma casa antiga, com jardim e garagem, em um bairro residencial que ainda resistia à invasão dos prédios.

Fui recebido com certa cerimônia na sala de estar daquela tradicional família. Os móveis eram pesados e aparentavam ter uns trinta anos. Havia uma cristaleira com fotografias da família que logo foram alcançadas pelo casal, e fui convidado para conhecer o seu filho André.

Era um jovem de cerca de 35 anos de idade, com boa aparência. Parecia ser de estatura baixa, assim como seus pais, e tinha um cabelo levemente comprido.

Fiquei com aquele velho retrato na mão, enquanto dona Ligia me contava sobre a vida de seu filho, entre crises de choro e interrupções para secar as lágrimas. O pai, *seu* Pedro, ficava mirando alguma coisa perdida no fundo, estando visivelmente em transe... E eu não sabia o que dizer ou fazer!

Contive as lágrimas quando dona Ligia me contou sobre como sentia falta de André. Ela me disse que se levantava durante as noites e olhava para o telefone fixo da casa, esperando pela ligação que o filho fazia, via de regra, todas as noites.

André era um funcionário que fez carreira na Winsley e, por uma promoção, tinha sido transferido há três anos para São Paulo. Lá, ele conhecera Carla, um pouco mais jovem, que na ocasião cursava faculdade de Psicologia. Após pouco tempo de namoro, casaram-se e seguiram morando em São Paulo.

Ao se soltar durante a conversa comigo e na presença de *seu* Pedro, dona Ligia foi pegando mais confiança em mim. Quando veio da cozinha, com uma bandeja de cafezinho e biscoitos, colocando-a na mesa da sala, ela me falou:

— Sabe, Eduardo, quero lhe falar a verdade. Nunca me relacionei de maneira mais próxima com a Carla. Nem o Pedro. Acho que meu filho poderia ter escolhido melhor sua esposa. Afinal, ele era um executivo da Winsley e ela sequer trabalhava. Vivia à custa dele! – e continuou. — Mas não é só por isso. Ela não era e nem se esforçava para ser simpática comigo, com o Pedro ou mesmo com a Renata. Você acredita que nunca nos convidou para visitar a casa do meu filho em São Paulo? As duas únicas vezes que estive lá, em três anos, foi porque meu filho insistiu para a gente ir. E ela não sabe receber a gente, credo! Sentia-me uma visita na casa do meu próprio filho!

Seu Pedro resolveu falar naquele instante:

— Não me sentia à vontade na casa do meu filho. Foi meu filho quem comprou o apartamento, com o dinheiro dele. A mínima educação ensina que ela tinha que agradar aos sogros! Mas, que nada... Depois da última viagem, prometi que não iria mais lá. Falei para o André: "Meu filho, seu quarto está lá em casa, e sempre estará lhe esperando".

Naquele momento, *seu* Pedro começou a chorar copiosamente. Ele estava muito emocionado; as lágrimas brotavam de seus olhos ao se lembrar de André.

Fui puxando assunto e perguntei o que André estava fazendo em Porto Alegre naquela época, julho de 2007. *Seu* Pedro informou-me que ele estava lá a trabalho, uma vez que a matriz da Winsley ficava em Porto Alegre.

Segundo *seu* Pedro, ele havia chegado um dia antes, 16 de julho, e havia passado o dia na empresa. Por volta das dezenove horas, André fora para a casa deles, onde dona Ligia já o esperava com seu prato preferido, lasanha verde de carne.

André era um filho muito amado e admirado por seus pais! Dona Ligia e *seu* Pedro tinham muito orgulho pelo sucesso profissional de seu filho. Percebi que o sentimento deles por André era muito mais forte do que aquele que nutriam por Renata. Era muito claro isso.

Por último, após ouvir mais algumas histórias sobre André, falei do contrato de honorários, assunto sobre o qual todo advogado fica ansioso para conversar. Expus como eu trabalhava e que só iria receber ao final da ação de indenização que moveria. Combinamos o percentual sem maiores problemas e fiquei de levar, dali a sete dias, o contrato de honorários e a procuração para eles assinarem. Em contrapartida, o casal ficou de passar para mim alguns documentos, como fotos, certidão de óbito e diplomas de formação de André.

Falei que o ideal era toda a família estar reunida no processo indenizatório; assim, a presença de Carla era importante. Dona Ligia, um tanto contrariada, falou que telefonaria para ela para ver se a nora concordava em me contratar também. Assim, decidimos que, em uma semana, eu retornaria e voltaríamos a conversar.

Despedi-me daquele casal com um forte sentimento de compaixão e, ao mesmo tempo, muito determinado a fazer um bom trabalho para que eu pudesse tirar um pouco da dor que os assolava.

Naquela noite, não dormi; só me revirava, intermitentemente, na cama. Não podia deixar de pensar em dona Ligia, *seu* Pedro... André. Questionava-me: como eu faria aquela ação?

Minha área de atuação era mais concentrada no Direito de Família; nunca havia feito uma ação indenizatória. Meu escritório era pequeno; resumia-se a mim, meu colega Tarcísio e nossa secretária, chamada Marlene.

***

LEMBRAVA-ME DA MINHA história de vida. Antiga e recente.

Sou advogado desde 1987, quando recebi minha carteira profissional. Contudo, comecei a exercer efetivamente a profissão em 1998, o que ocorreu de maneira bem tímida.

Nasci filho de portugueses e com irmãos também portugueses. Sou o filho caçula de três e o único brasileiro da família. Meu irmão Joaquim, já falecido, tinha oito anos de diferença em relação a mim. Minha irmã Branca está viva e tem onze anos a mais. Praticamente todo o restante dos parentes reside em Portugal, com exceção de um primo chamado Luís, que mora no Rio de Janeiro e tem dois filhos. Ao longo da vida, tornei-me muito amigo de sua mulher, Yeda – a qual, mais tarde, veio a se tornar ex-esposa.

Minha família foi marcada por dramas um tanto fortes.

Meu pai saiu de casa quando eu tinha dez anos de idade e nunca foi muito presente. Fui criado pela minha mãe, Maria Emilia, com ajuda da minha irmã.

Minha mãe era uma mulher bonita, com cabelos mais para o castanho-claro, olhos verdes, de estatura mediana. (Tenho que assinalar que escrevo essas palavras na véspera do Dia das Mães! Não pense que planejei; incrivelmente, aconteceu essa coincidência.)

Quando eu estava com 25 anos de idade, minha mãe sofreu da doença de Alzheimer e ficou seis anos em uma cama, inconsciente. Isso era o que os médicos diziam; mas, quando me via e avistava meu cunhado, Jacó, ela manifestava uma expressão diferente. Lançava um olhar de tristeza ou, outras vezes, um olhar que parecia querer se comunicar, falar alguma coisa. Era muito deprimente vê-la naquela situação. Cansei de chorar ao observá-la. Muitas noites, mesmo de madrugada, eu ia ao seu apartamento para vê-la.

Meu pai alugara um apartamento no mesmo prédio da minha irmã, um andar acima, para que ela pudesse ajudar a cuidar de minha mãe; além disso, mantinha ali uma enfermeira 24 horas. Nesse ponto, meu pai foi muito correto e nunca deixou faltar nada a ela.

Afirmo que sinto falta dela até hoje! Lembro-me do bacalhau que ela fazia... maravilhoso! O arroz de bacalhau, nunca comi outro igual! Seus bifes, seu feijão. Muita saudade. Sorte de quem tem a sua mãe! Confesso que tenho inveja. Ia com ela à Igreja da Auxiliadora todos os domingos; foi onde aprendi a conhecer Deus, que mais adiante veio a salvar a minha vida.

Enfim, passados os meus anos de infância e início da adolescência, com minha irmã já casada e meu pai separado, sobrávamos eu, meu irmão e minha mãe. Meu irmão Joaquim era um tanto problemático, e não demorou muito até sair de casa, quando foi morar com uma mulher que já tinha tido outro relacionamento, inclusive, com filhos.

Portanto, vivemos somente eu e minha mãe em um apartamento grande, embora antigo, na rua Bordini, durante seis anos, até eu ir morar sozinho, com 22 anos de idade. Certamente, não fui o melhor dos filhos, mas tínhamos uma convivência muito boa.

Lembro-me, como se fosse hoje, de deixar de sair nas noites de sábado, a fim de ficar ao lado de dona Maria Emília, tomando um vinho português e assistindo a filmes na televisão.

De pijama e chambre, ela se sentava no sofá da sala, e eu ficava na poltrona. Nos intervalos comerciais, ela me contava como tinha sido sua vida em Portugal, como tinha conhecido meu pai, como o amor deles tinha sido forte!

Tão forte que ele deixou Portugal, na cidade do Porto, após brigar com seu pai – meu avô, que tinha um comércio na cidade e vivia muito bem financeiramente – para se aventurar no Brasil, na cidade do Rio de Janeiro.

Ele veio primeiro. Ela veio depois, junto com os dois filhos, meus irmãos, que já haviam nascido, para se aventurar em um país estranho. Ela era de família rica e tradicional; deixou tudo para trás e veio atrás de meu pai.

Dois anos depois, meu pai saiu do Rio de Janeiro e foi para Porto Alegre, onde iniciou um comércio de roupas masculinas. Ao longo dos anos, prosperou. Chegou a ter mil funcionários e mais vinte lojas na região Sul do país.

Voltando à minha história, aos dezoito anos, ingressei na Faculdade de Direito da PUC-RS e estagiava no escritório dos drs. Luiz Vilar e Paulo Muller. No entanto, em uma das poucas visitas que recebi de meu pai fez, ele me convidou para ir trabalhar com ele na rede de lojas.

Foram várias as insistências. Em um primeiro momento, eu não quis. Minha mãe também desaprovava. Contudo, após um tempo, acabei atraído pelo mundo do comércio descrito por meu pai. Em resumo, trabalhei com ele por quinze anos – dos 18 aos 32 anos de idade. Os desentendimentos vieram, assim como a morte de minha mãe, em 1993, o que me levou a brigar com meu pai e a sair do negócio.

Depois, tive uma loja na praia de Canasvieiras, em Santa Catarina, com o objetivo de atender argentinos que, na época, tinham o hábito de gastar seus pesos no Brasil, em especial no litoral catarinense. Todavia, naquele fatídico verão de 1994, um plano econômico chamado Cavallo inviabilizou a vantagem econômica que os *hermanos* pudessem ter no Brasil em razão do câmbio.

Naquele momento, eu estava quebrado! A pequena loja que tinha estava abarrotada de mercadoria comprada no Rio de Janeiro, com a ajuda de Yeda, a ex-esposa do meu primo Luís, e ninguém comprava!

No desespero, falei para a minha então namorada da época, Rose, que, se quiséssemos comer, teríamos que vender mercadorias na beira da praia. Ela respondeu dizendo que eu estava louco, virando um camelô. E falei:

— É isso ou passar fome.

E assim foi. Eu parecia uma árvore de Natal carregando as mercadorias praia afora! Sinceramente, não sei se choro ou dou gargalhadas lembrando disso, mas foi o que fiz para sobreviver.

No fim do verão de 1994, meu fiel amigo Edson apareceu no *camping*, onde eu morava, e me levou para trabalhar com ele. Devo muito ao Edson!

E, assim, comecei a minha vida na advocacia. Não sabia absolutamente nada de Direito. Aliás, não sabia nem digitar. Tive que me matricular na Escola Nacional de Datilografia – acredite se quiser.

Após cerca de três anos trabalhando com o Edson, resolvi dar um passo adiante e, em 1998, abri meu escritório com mais um colega, Marcos. Passados uns anos, rompi a sociedade com Marcos. Em 2007, eu tinha nove anos de advocacia efetiva sob a minha batuta e, junto comigo, dois funcionários, Tarcísio, também advogado, e Marlene, nossa secretária. Nesse cenário, o voo JJ 3054 da TAM entrou na minha vida.

CAPÍTULO 2

PROPOSTA

EM 2007, EU cursava pós-graduação em Direito de Família, na PUC-RS. As aulas haviam começado em abril e aconteciam duas vezes por semana: às sextas-feiras à noite e aos sábados de manhã. Estava gostando das aulas, pois era uma matéria à qual eu me dedicava no dia a dia.

É claro que eu trabalhava bastante durante o horário comercial, pois a profissão de advogado é muito dura. Aliás, penso que um advogado tem que ser várias coisas ao mesmo tempo: psicólogo, humorista, além de ter, acima de tudo, muita, mas muita presença de espírito. Nem estou considerando o conhecimento técnico que já se presume que o profissional deva ter. Aliás, o advogado tem que estar sempre atualizado, sempre lendo.

Pois bem, enquanto eu aguardava ansiosamente pelas aulas do curso – e, confesso, também para ficar observando uma loira alta e muito bela que era minha colega –, ficava pensando no que eu iria fazer com a ação de indenização do André. Havia se passado cerca de um mês do dia da assinatura do contrato e da procuração, e eu não tinha me convencido sobre o que fazer.

Como sempre fiz, lia livros, pesquisava, mas nada parecia indicar o caminho jurídico a ser seguido. Até que, em uma tarde, no foro central de Porto Alegre, um amigo me abordou e perguntou:

— Eduardo, você pegou algum caso de vítima do voo da TAM?

— Para dizer a verdade, peguei, sim. Estou pelos pais da vítima – respondi.

— Tenho um amigo, Marco Antônio, que pegou um caso e repassou para um escritório norte-americano.

— Como assim? – perguntei.

— Olha só, você ouviu falar do filme *Erin Brockovich*, com a Julia Roberts, que ganhou o Oscar em 1999?

— Sim, claro, sou fã de cinema. E daí?

— Pois é, esse mesmo pessoal está aqui em Porto Alegre, hospedado e com escritório montado no Hotel Sheraton. Eles estão arrecadando clientes para ingressar com ação nos Estados Unidos, mas posso me informar melhor e te passar. Que tal?

— Como faço para encontrá-los? Pode me passar algum contato deles? – perguntei.

— Até amanhã, no máximo, lhe passo o contato – meu amigo respondeu.

— Valeu mesmo, Daniel. Não sei como te agradecer. Vou esperar, então. Tchau, meu velho.

Saí daquele foro superintrospectivo e tentando imaginar o que seria aquela informação que o Daniel havia me passado. Minha inquietude durou até o meio-dia do dia seguinte.

Foi quando ele me informou o número de telefone da Raquel, que, segundo ele, era uma advogada brasileira que fazia o "meio de campo" com os estadunidenses. Prontamente, liguei para ela. Já sou ansioso por natureza, imagine naquela situação.

Eu estava na minha sala; fechei a porta para que nem o Tarcísio nem a Marlene ouvissem a ligação. Nada contra eles, eu só queria ficar sozinho e sem interrupção.

Liguei; o telefone tocou até cair a ligação. "Calma", pensei, e liguei de novo.

— Alô.

— É a dra. Raquel?

— Sim, pois não. Quem fala?

— Aqui é o advogado Eduardo Lemos Barbosa (logo pensei na bobagem de falar o nome completo), sou advogado dos pais de uma vítima do voo da TAM e fui indicado pelo dr. Marco Antônio para conversar com você.

A dra. Raquel já se mostrou superproativa:

— Lógico, dr. Eduardo. Venha para cá. Estamos em um andar inteiro no Hotel Sheraton para atender não apenas os familiares do acidente, mas também os advogados.

Senti muita firmeza no convite da dra. Raquel e marquei de ir no próximo dia, às quatorze horas. Desliguei o celular com sensação de boa energia.

No dia seguinte, compareci no horário marcado, no Hotel Sheraton. Esse hotel fica na parte mais nobre da cidade de Porto Alegre, dentro de um *shopping*, com muito *glamour* e frequentado por pessoas de classe alta.

Quando entrei na recepção do andar disponibilizado para os estadunidenses, logo percebi a estrutura montada. Havia uma mesa grande repleta de iguarias para comer e beber. Era um verdadeiro *buffet*, que impressionava quem adentrasse o ambiente.

Logo veio a dra. Raquel me receber. Alta, usava um terno feminino preto com camisa branca. Tinha uma apresentação bem sóbria.

— Seja bem-vindo, dr. Eduardo.

— Obrigado, dra. Raquel.

Ela me convidou para me servir do *buffet*. Respondi que recentemente havia saído do almoço e estava satisfeito. Então, ela me convidou para entrar em uma sala de reunião que estava disponível, dentre as tantas que havia no andar.

A dra. Raquel fechou a porta, nós nos sentamos e ela começou a falar:

— Dr. Eduardo, sou gaúcha também e advogada. Fiz uma parceria com um escritório de advocacia dos Estados Unidos, o Masry & Vititoe, que fica em Los Angeles. O mesmo do filme da Erin Brockovich, conhece?

— Sim, sei. Mas como você os conheceu?

— Bem, é uma longa história. Resumindo, meu pai, Lázaro, estava assistindo à televisão logo após o acidente e ficou pensando. Ele é muito inteligente, sabe, dr. Eduardo?

— Ele é advogado também?

— Não. É corretor de imóveis – e continuou: — Daí, ele ficou pesquisando na internet e viu que o escritório de advocacia mais famoso que existe é o do filme, o Masry & Vititoe. Mandamos um *e-mail* e estamos aqui.

— Hum... sei – respondi, incrédulo.

— Então, estamos trabalhando direto com os norte-americanos. Larguei minhas atividades e estou abordando as famílias das vítimas para ingressarem na Justiça norte-americana conosco.

— Mas, dra. Raquel, como se daria, tecnicamente, essa ação?

— Bem, dr. Eduardo, o negócio é o seguinte. Naquele avião, tinha um passageiro norte-americano, Michael Green. A ideia é ingressar com ação de indenização para o Michael no local de nascimento dele e, assim, as famílias brasileiras ficariam agregadas a ele.

— Sei, tipo um litisconsórcio?

— Exatamente – ela respondeu.

— E é possível assim?

— Claro, a estratégia é do escritório norte-americano. Estão convencidos disso. Até porque só vão ganhar os honorários ao final. Portanto, se não der certo, os norte-americanos não vão ver a cor do dinheiro.

— Entendi. E já que você tocou nos honorários, como ficam os meus honorários dentro disso?

— O escritório norte-americano cobra um percentual dos clientes. Você, que é o advogado que traz o cliente, leva uma parte desse percentual.

— É pouco! – respondi.

— Nada. Você não vai fazer nada de petição, só trazer o cliente. E claro, você dará suporte ao trabalho, aqui no Brasil. E outra, a indenização lá nos Estados Unidos é bem maior, sabia?

— Ouvi falar – eu disse.

— Então. Você vai ganhar em dólares, doutor.

— Tenho que pensar.

Naquele momento, minha respiração aumentou e fiquei imaginando mil coisas, mas pensei em alguns pontos e perguntei:

— Quero conhecer os advogados norte-americanos. Eles estão aqui?

— Sim, estão. São Jim Vititoe e George.

— Quem são exatamente?

— Jim é o dono do escritório Masry & Vititoe e George é o estrategista da causa.

— Interessante.

— Você fala inglês? – ela perguntou.

Naquele momento, senti um calafrio no fundo da alma e respondi:

— Não muito bem.

— Ah, mas não se preocupe, pois eles contrataram um tradutor-intérprete. Wilson. Ele é ótimo.

— É, parece que estão bem estruturados.

— Você nem imagina. Estou com eles há dois meses e convivo direto com os norte-americanos. São muito organizados. Tudo é pensado e planejado. George é o "cabeça". Jim é mais aparência. Ah, e tem a Silvia, que é a secretária. Maravilhosa! Ela arruma tudo. Os telefones dos possíveis clientes, as viagens, os hotéis em que fico hospedada. Tudo! Silvia é muito eficiente, além de supersimpática.

— Espere aí. Como assim, você está fazendo mais viagens? Para quê?

— Vou te contar. Afinal, você é da OAB e já deu para notar que é um colega batalhador. Quando eles vieram ao Brasil, por meio do meu pai, fui a São Paulo, junto com meu pai, para conversarmos. Após duas horas de conversa, eles me fizeram uma proposta.

— Eles quem?

— George e Jim.

— E qual foi?

Naquele momento, a dra. Raquel respirou fundo e tomou um gole grande da sua água. Parecia que confessaria ou confidenciaria um grande segredo.

— Eles me convidaram para ser o elo entre os clientes.

— Como assim?

— Você sabe que morreram 199 vítimas que estavam dentro do avião. Então, na verdade, eles chamam de assentos. Temos 199 assentos para buscar para nós. Ou seja, têm 199 indenizações para nós. Estão esperando!

— Nossa! – exclamei, imaginando a grandiosidade do que estava sendo contado para mim.

— Pois é, então combinamos que eu abordaria as famílias das vítimas para trazê-las para a nossa ação de indenização nos Estados Unidos.

— E como está funcionando isso?

— Calma! Vou te contar. Já consegui treze famílias. Funciona assim: dou os nomes à Silvia ou, às vezes, eu mesma consigo, e ela obtém o telefone de algum familiar; aí ligo e começo a oferecer o serviço. A conversa é um pouco demorada, mas, logo em seguida, marco um encontro com a família. Isso é muito importante. Não dá para ficar muito no telefone. É ligar uma vez e, no máximo, uma segunda vez, para marcar a viagem e ir falar pessoalmente com as pessoas. E não é fácil, não!

— Imagino – falei.

— Às vezes, eles nos "botam para correr" já durante o telefonema. *Bah*, já ouvi cada coisa! De urubu a "*fdp*" e outras coisas...

— E isso leva tempo e dinheiro, certo? – perguntei, atônito.

— Com certeza. Larguei tudo na vida. Eu tinha meu escritório em Santana do Livramento; tenho uma filha pequena e tudo o mais. Agora, passo 24 horas só neste trabalho. E sábado e domingo também! É claro que os norte-americanos pagam tudo: passagem aérea, hotel, despesas de alimentação e até conta de celular. Mas exigem também. Tem que trazer cliente ou assento, como eles falam.

Enquanto ouvia aquele relato, senti-me petrificado! Aquela história penetrou em mim de uma maneira... Tomei ar e indaguei:

— Você não faz mais nada? E seu escritório? Seus processos? Seus clientes?

— Sabe, Eduardo. Vou tirar o doutor, OK?

— Sim, claro, por favor.

— Eu não era a maior advogada de Livramento. Para dizer a verdade, estava vivendo um momento meio "brabo".

Ali, percebi que Raquel estava ficando com os olhos marejados e se emocionando, mas continuou:

— Separei-me do pai da minha filha há quase dois anos. Minha filha tem um ano de idade. E você sabe... Aliás, não sei se você tem filhos...

— Tenho, de um casamento desfeito. Também sou separado – respondi.

Quando falei isso, Raquel me observou de outro modo. Parecia mais ainda inclinada a falar sobre si.

— Então, você sabe. É duro, meu Deus! Crio sozinha a minha filha. Quero dizer, conto com a ajuda dos meus pais. Nossa, se não fossem eles, não sei o que faria... E aí, estando mal, emocionalmente, a vida profissional acaba sendo afetada. Ao menos comigo, é claro.

— Sei como é – falei, tentando ser o mais solidário possível com Raquel; fiquei com pena dela.

— E aí veio essa possibilidade dos norte-americanos, e pensei: por que não? O que tenho a perder? Meus pais me apoiam e, principalmente, meu pai está me incentivando muito nisso, sabe? Até traçamos uma meta: alcançar um milhão de dólares para nós!

— Um milhão de dólares de honorários?

— Sim, por que não? Aí, sabe o que quero fazer?

— Não imagino – falei, já divagando sobre o que poderia dizer a Raquel.

— Vou para o México, com minha filha. Quero recomeçar a minha vida!

— México? E por que lá?

— Olha, sempre tive atração por esse país.

Em seguida, ela me convidou para tomar um café ou uma água. Solicitou ao garçom para me servir e pediu-me licença para telefonar. Enquanto eu me afundava na cadeira em pensamentos, veio o garçom com uma água com gás e uma xícara de café, tudo servido em uma bandeja de prata, *chiquérrimo*.

Confesso que aquele "papo" havia me calado profundamente. Tinha um *glamour* aquilo tudo, sem dúvida. Mas senti que havia algo a mais no ar...

Retornei o foco ao caso do André e decidi me aprofundar naquela possibilidade de ação nos Estados Unidos. Foi quando Raquel, após uns vinte minutos, retornou à sala de reuniões e logo indagou:

— E aí, dr. Eduardo, vamos fechar, então?

— Olha, dra. Raquel, eu gostaria de conhecer os norte-americanos. Se é como você disse, eles estão aqui no hotel, não é?

— Estão, sim. Estão em outra reunião. Mas espere aí que vou lá ver com eles. Quando você pode? Pode ser amanhã?

— Pode, sim – respondi, sem pensar.

— Já volto.

E Raquel saiu da sala novamente. Ela era realmente uma mulher bem enérgica, por vezes, tinha até uma postura masculina. Gostei dela. Pareceu verdadeira no que falou e se expressou. Permaneci ali, perdido em conjecturas e imaginando em que diabos de situação eu estava me metendo.

Naquele momento, Raquel abriu a porta da sala e, já em voz alta, exclamou:

— Reunião marcada para amanhã, às dezessete horas. Aqui mesmo, neste andar do hotel, OK?

— OK – falei, olhando bem dentro dos olhos dela.

— E fique por aqui. Venha comer algo do *buffet*.

Saímos da sala e fiquei petiscando alguns salgadinhos e tomando suco de uva. Raquel me acompanhou. Vi quatro salas de reuniões que me pareceram estar ocupadas. No centro do salão do andar, havia dois sofás e poltronas de couro, além de cadeiras de boa qualidade encostadas na parede. Reparei que, naquele ambiente de aproximadamente cem metros, havia uma movimentação de umas trinta pessoas que esperavam algo.

Algumas pessoas pareciam familiares de vítimas, visto que eu ouvira a história da Raquel e já passei a imaginar. Notei também uns três homens que tenho certeza de que eram advogados, assim como eu.

Alguns poucos minutos depois, Raquel pediu-me licença novamente e foi atender duas mulheres (com cerca de quarenta anos cada) junto a um adolescente. Todos ingressaram na sala em que eu estava antes.

CAPÍTULO 3

OS NORTE-AMERICANOS

RESSALTO QUE NÃO sou muito bom de "cama". Quero dizer, "de sono". Naquela noite, então... Saí do Sheraton inundado de dúvidas e de expectativas. Tudo o que tinha ouvido de Raquel ecoava para mim. Parecia ser um legítimo filme. O quê? Vou trabalhar com os advogados estadunidenses cujo escritório integrou um filme com a Julia Roberts? E mais, que venceu o Oscar! Era inacreditável!

E essa dra. Raquel?! Um tanto misteriosa. Não era advogada assídua. E tudo aquilo montado no hotel... Nunca tinha ouvido falar de coisas parecidas.

Mas, ao mesmo tempo em que pensava com receio disso tudo, confesso que me sentia instigado. Tinha um certo tom de novidade, de excentricidade, de singularidade que me atraía. Sabia que o passo decisivo seria amanhã, quando conhecesse os estadunidenses, Jim e George. Mal podia esperar.

E o dia passou de modo que eu queria que chegasse logo as dezessete horas para os conhecer pessoalmente. Às quatro e meia da tarde, saí do meu escritório, dando adeus ao Tarcísio e à Marlene. Falei que sairia mais cedo. Não lhes contei nada. Aquilo era tão único que não tive convicção de contar para ninguém.

Cheguei ao terceiro andar do Hotel Sheraton e entrei no saguão pontualmente, às dezessete horas. Na recepção, havia uma moça morena, de cabelos longos e muito bonita. Dei o meu nome e ela me acomodou em um daqueles sofás do centro do salão. Quando olhei para a direção do *buffet*, lá estava ele com dezenas de comidas e bebidas. Pensei: "De novo. Esses norte-americanos estão podendo".

Havia outras pessoas também esperando. Vi casais de jovens e velhos, e uma senhora de cerca de quarenta anos junto com uma menina que aparentava ter uns dez anos de idade e que deveria ser a filha dela. A senhora estava com a fisionomia de quem não dormia há muitas noites; tinha olheiras fundas, cabelos um tanto desalinhados, embora presos. Era visível que estava passando por um momento difícil. E a menina estava quieta, folheando uma revista com olhar perdido. "Coitadas", pensei, "quem será que eles perderam? O pai da menina e esposo da mulher? É provável".

Observando melhor as outras pessoas que estavam ali, todas pareciam abatidas, com semblante de preocupação, de tristeza. E eram cerca de vinte pessoas esperando. O ambiente era pesado. Nossa!

Tentei parar de mirar meus companheiros de espera para não os constranger. Estavam sofrendo aqueles homens, mulheres, adolescentes e, até mesmo, as duas crianças que estavam ali.

Levantei-me e fui pegar um cafezinho e um pão de queijo no *buffet*. Preferi ficar de pé, em frente da mesa. A distância, naquele momento, me pareceu mais conveniente.

No momento em que me preparava para pegar mais um café, Raquel surgiu na minha frente e falou, em um tom de voz que achei excessivamente alto:

— Vamos lá, dr. Eduardo, Jim e George estão esperando por você. Deixe que mando lhe servir outro café na sala de reuniões.

Um tanto vacilante, pousei a xícara em uma mesa auxiliar ao *buffet* e dirigi-me para a sala. Sem antes espreitar, com o canto do olho, as pessoas que estavam aguardando comigo. Vi que várias dirigiram o olhar para mim, o que me incomodou um pouco.

— *Good afternoon, Mr. Barbosa* – cumprimentou-me um homem calvo, de bigode, de uns 55 anos, imaginei.

Logo percebi que seu terno era de primeira linha. Provavelmente, um Armani ou Hugo Boss, de cor azul-marinho. A gravata era muito chique, em tons de vinho-tinto. Seguramente, era de grife e cara – a minha experiência na loja de meu pai permitiu que eu tivesse um tino para roupas. Também quando estendeu a sua mão para me cumprimentar, logo percebi que seu relógio era um Rolex® de ouro.

— *Hello!* – respondi com uma voz de quem tem um inglês vacilante e cumprimentei-o.

Em seguida, veio na minha direção outro senhor, baixo, barrigudo, de cabelos brancos, vestido com um casaco preto e uma calça cinza, camisa branca e gravata esverdeada.

— *How do you do, Mr. Barbosa*? – disse Jim Vititoe, sócio e dono do escritório Masry & Vititoe.

— *Fine. Thanks. And you*?

"Ai, meu Deus", pensei, "será que estou dizendo certo? Por que não me dediquei mais ao *English*?". E, tremendo, estendi minha mão para Jim. Pensei: "Como vou fazer agora? Como vou me fazer entender? Que vergonha...".

Até que Raquel me apresentou o Wilson:

— Este é Wilson, nosso tradutor e intérprete. Ele é o responsável por nos fazer entender.

Logo fui cumprimentar Wilson. Quase o beijei. Minha salvação!

Sentamo-nos a uma mesa redonda que ficava em uma sala de reuniões elegante e bonita do hotel. Logo, Raquel deu a palavra para George, que a assumiu muito tranquilamente.

(Friso que estou escrevendo estas linhas dentro do voo da TAM 3836, que saiu de Porto Alegre com direção a São Paulo/Congonhas, em uma segunda-feira, dia 23 de maio de 2016, às 12h05, na última fileira do avião, poltrona 29C. Aliás, muito deste livro foi escrito durante os voos que faço por conta da minha profissão.)

(Os acontecimentos a seguir serão relatados em português a fim de facilitar tanto para o leitor como, principalmente, para mim.)

— Bem, dr. Barbosa, estamos juntos neste projeto: eu, como estrategista; o escritório Masry & Vititoe, que fica em Los Angeles, como captador de clientes; e o escritório Podhurst Orseck, que fica em Miami, como executor da ação propriamente dita.

Ouvi com muita atenção aquelas palavras que foram colocadas de maneira muito equilibrada e que passavam uma segurança muito forte.

— Atuamos em todo o mundo. Onde existem acidentes aéreos, nossa equipe está presente. Veja o *folder* dos nossos casos.

Ele me passou um folheto que continha várias fotos pequenas de aviões e textos curtos, abaixo delas, que informavam a data do acidente e o local. Deveria ter uns trinta casos. E prosseguiu:

— Trabalhamos sempre a favor das famílias vítimas de acidentes aéreos. Temos um *know-how* inigualável. Nenhum escritório tem os casos de sucesso que temos. Nosso objetivo é o acordo! Sempre chegamos a um valor superinteressante para as famílias, em um prazo curto ou razoável de tempo. E quero lhe informar algo que talvez o senhor não saiba [neste momento, ele pede para a Raquel entregar a mim outro *folder*]: o Masry & Vititoe, que é o escritório do Jim, meu sócio neste projeto, foi o escritório que patrocinou a maior indenização da história dos Estados Unidos.

O *folder* do escritório era belíssimo. Tinha uma dobra, ou seja, quatro páginas. Na capa, havia a foto de uma mansão com colunas gregas na entrada e uma casa enorme com vidros escuros no fundo. A paisagem tinha um ar majestoso, imperial. O logotipo do escritório estava em cima: Masry & Vititoe. Transmitia uma imagem de grandeza, com uma flagrante intenção de ostentação. No interior desse *folder*, havia a foto da atriz Julia Roberts, com uma reprodução do cartaz e a história resumida do filme. Ao lado, estavam as fotos de Jim e do outro sócio, Ed, já falecido, como vim a saber depois. Também continha outras informações em inglês e, na contracapa, mais fotos de aviões com informações sobre a data e o local do acidente, conforme constavam no *folder* avulso.

E prosseguiu George:

— Este caso da contaminação da água ocorrido em Hinkley, na Califórnia, em que o escritório Masry & Vititoe patrocinou a causa em favor de 634 famílias contra uma megaempresa, a Pacific Gas Eletric, obteve a maior indenização até então, que foi de 333 *milhões de dólares*. E este caso foi retratado no cinema, em 2000, pela atriz Julia Roberts, tendo ela recebido pelo papel o Oscar de melhor atriz, em 2001.

Eu já estava extasiado. Devo confessar. Só pude pronunciar no meu inglês meia-boca:

— *Beautiful*!

Continuou George:

— E agora, para este caso daqui, inicialmente nós nos estabelecemos em São Paulo, com a dra. Raquel angariando os casos. E também temos outro escritório de São Paulo que começou a trabalhar conosco agora.

— Ah, é? – perguntei, olhando para o tradutor Wilson.

Mas isso não precisou de tradução, é claro.

— Sim, Raquel trabalha com o pai dela. E já não está dando conta de tanto trabalho – George falou e mirou Raquel, que estava ao meu lado.

Ela meneou a cabeça, em afirmativa, mas não parecia muito satisfeita com essa afirmação. Então, Jim manifestou-se:

— E você, Eduardo? Conte-nos mais sobre você – Wilson traduziu para mim.

Eu já estava com o copo de água com gás na mão quando Wilson finalizou. Não sei por que, mas, naquele momento, me deu vontade de acender um cigarro e dar uma bela tragada. Eu tinha largado o cigarro em 2001 e poucas vezes havia me dado tanta vontade como aquela. Acho que foi quando senti, pela primeira vez, a falta de um companheiro de trabalho.

— Bem, vou contar a minha história, de forma breve. Tenho um escritório de advocacia aqui em Porto Alegre. Atuo em causas cíveis e, principalmente, no Direito de Família. Permitam-me mostrar meu *folder* também. É claro que não tem a Julia Roberts.

E todos riram.

O *folder* era bem bacana. Todo em azul-marinho com letras brancas. Tinha tamanho A4. Com capa, uma página à esquerda, outra à direita e contracapa. Continha a parte institucional, a relação de clientes e os conteúdos das áreas de atuação do escritório. Não havia dúvidas de que o *folder* demonstrava organização e responsabilidade.

Continuei:

— Também sou Conselheiro da OAB do Rio Grande do Sul, eleito no início deste ano.

Falei também das áreas de atuação, de meus objetivos e de toda a minha atenção com meus clientes, salientando que enviava relatórios mensais para eles do andamento dos seus processos.

Foi aí que George interrompeu:

— E o seu cliente André Lima. Como você chegou à família?

— A irmã de André, Renata, era uma cliente minha. Depois que resolvi o caso particular dela, fui convidado a conhecer seus pais e acabei contratado por eles.

E Raquel indagou:

— Mas tem a viúva de André, não é? Ela é sua cliente?

— Não. Ela não é.

Wilson correu para traduzir para os estadunidenses a pergunta de Raquel e a minha resposta.

Raquel perguntou:

— Qual o nome dela?

— Carla – respondi.

Raquel ficou anotando isso. Não gostei daquela atitude.

George retomou:

— Soube que ele era um alto executivo de uma grande empresa.

Visivelmente, George e Jim estavam bem interessados naquele meu caso. Era fácil de ver isso nos seus olhares.

Tomei um ar e respondi:

— André trabalhava como executivo de uma das maiores empresas do Brasil: a Winsley, que atua no setor de aço, basicamente, e tem outras ramificações no mundo inteiro. Era um funcionário que fez carreira. Começou garoto na empresa e foi galgando postos. Tudo devido à sua eficiência.

Quando terminei de falar a última palavra (eficiência), Wilson interveio rapidamente, interrompendo-me e fazendo a tradução. Mal sabia ele como isso me ajudava, pois dava tempo para eu pensar no próximo trecho da minha fala.

Eu estava bem atento ao que iria falar, pois tinha plena consciência de que estava diante de pessoas de um nível profissional bem elevado. Wilson encerrou e me mirou, fazendo sinal com a cabeça para eu continuar.

— A empresa está presente em vários países do mundo.

E, então, continuei fazendo uma rápida digressão sobre o histórico da empresa. Achei que tinha agradado.

Jim Vititoe perguntou-me:

— E quanto ganhava André?

Respondi:

— Vinte mil reais. Fora os benefícios. E, é claro, tenho todos os comprovantes pertinentes.

Wilson traduziu e Jim logo interrompeu:

— *Very good*!

George continuou:

— Você acha que pode abordar a viúva para trazer para você ou para nós? – e deu uma breve risada...

Pareceu que queria me conquistar.

— Bem, tenho os pais e a irmã. Por que não a esposa? Tenho que ir atrás. Vontade e determinação não me faltam!

Esta última frase saiu sem pensar. Mas falei com firmeza e com muita vontade.

— OK! – respondeu George, acenando positivamente a cabeça em minha direção.

Percebi que tinham gostado de mim. E eu, deles!

Raquel, então, falou:

— Com relação aos honorários, vou lhe passar.

Respondi:

— Eu já ia perguntar – e pisquei o olho para Jim e George.

Eles também sorriram e devolveram a piscada.

E Raquel continuou:

— Dr. Eduardo, os honorários são de X% sobre o valor da indenização. E você fica com Y% dos X%.

(Por questões de ética profissional, não posso revelar o percentual de honorários.)

Eu estava matutando quando Raquel continuou:

— Seu trabalho é trazer o cliente para nós e permanecer prestando suporte ao cliente, é claro. O resto é por nossa conta.

Respondi:

— Hum...

Eu não sabia o que dizer, e George interveio:

— E toda despesa que você tiver será bancada por nós.

Respondi:

— Tenho que pensar, senhores.

Foi quando Jim afirmou:

— Ficaríamos muito orgulhosos por contar com você, dr. Eduardo Barbosa.

George socorreu:

— Seria um grande prazer trabalhar ao seu lado, dr. Barbosa. Pense bem e venha integrar o nosso time.

Estávamos todos nos levantando para nos despedir quando Raquel indagou:

— Até amanhã, você nos dá uma resposta, dr. Eduardo?

Fiquei surpreso, mas respondi sem titubear.

— Já amanhã? Tenho que pensar.

Raquel interrompeu:

— Ligarei para você no fim da tarde de amanhã, OK? Assim, conversaremos mais um pouco.

Respondi:

— Combinado.

E, já de pé, fui me despedindo. Primeiro de George, que me deu um abraço fraternal. Depois, Jim cumprimentou-me entusiasticamente e falou:

— Quero você ao nosso lado.

— OK – respondi.

Saindo da sala, fiquei um pouco perdido. Não sabia se já me dirigia à porta de saída do edifício ou ficava naquele espaço tão confortável e agradável. Resolvi que ia me deslocar para um dos lados, ficar em pé e ligar do celular para o meu escritório.

Foi o que fiz. Marlene atendeu e me passou os recados. Perguntei se estava tudo bem e dei um "até amanhã". Minha mente, contudo, estava totalmente imersa no que havia sido dito na reunião. A verdade é que eu estava em transe, nem sabia bem o que pensar a respeito de tudo. Era muita novidade!

Fiquei ali por quase mais uma hora, pensando, sentado no sofá do centro do salão, ao lado de outras pessoas que estavam aguardando para ser atendidas.

Percebi que, daqueles que estavam comigo antes de eu ingressar na reunião, ainda restavam quatro pessoas. Observei melhor e vi que eram membros de uma mesma família.

Também notei que, após o meu atendimento, Raquel começou a chamar as pessoas. E ainda estavam, na mesma sala, George e Jim.

Mais tarde, Jim saiu e pareceu se retirar do salão. "Deve ter ido para seu quarto", pensei. Mas, na sala de reunião, ainda estavam Raquel, George e Wilson.

Então, decidi me retirar do recinto, ainda mergulhado naqueles pensamentos. Já eram quase oito horas da noite de uma quarta-feira de agosto.

Enquanto dirigia e mesmo após adentrar a minha casa, sentia-me "pilhado" com o assunto dos estadunidenses. Ao mesmo tempo, me sentia muito sozinho. Meu Deus! Não acredito que não tenho ninguém para dividir essa decisão comigo!

Resolvi ir a um bar perto da minha casa e beber uma cerveja para ver se algo "luminoso" apareceria. Após ingerir umas três garrafas, fui para casa, a fim de descansar.

CAPÍTULO 4

UM BRINDE

ACORDEI POR VOLTA das sete e meia da manhã e, como de hábito, comi um mamão, bebi um café e comi um sanduíche de queijo. Para um homem solteiro que morava sozinho, eu até me virava razoavelmente.

Fui para o escritório. Cheguei e já fui fazer umas petições e debater um caso com Tarcísio. Era agradável chegar cedo ao escritório. Entrava, cumprimentava Marlene e Tarcísio e ia para a minha sala, que ficava ao final do corredor.

Meu escritório era quase inteiro na cor branca, com piso de porcelanato e bem decorado. Para quem entrava, tinha uma porta à esquerda, que era a sala de reuniões; à direita, ficavam as salas dos advogados e a secretaria.

Sentava-me na minha cadeira e já vinha Marlene com um café saindo fumaça (que cheiro maravilhoso de café passado!) e mais um copo de água mineral com gás.

E assim foi aquela manhã. Ao meio-dia e trinta, mais ou menos, saí para almoçar. Acabei almoçando com Tarcísio, como fazia muitas vezes.

Quando retornava, gostava de descansar em um sofá de couro preto que tinha na minha sala. Era de dois lugares. Não muito comprido, mas bem confortável, pois afundava meu corpo no couro das almofadas. Ainda colocava uma almofada em cima dos olhos para tapar a claridade, que eu não suportava. Ficava ali por quinze ou vinte minutos, mas fazia diferença para enfrentar a realidade da tarde que se aproximava.

Daquela vez, no entanto, não chegou a vinte minutos para Marlene bater na porta da sala e, sem ouvir uma resposta, interromper minha rica e curta sesta.

— Dr. Eduardo, é a dra. Raquel quem quer falar.

Mirei Marlene com olhar de desaprovação. Foi quando ela rapidamente respondeu:

— Ela disse que é importante e está na linha. Posso passar?

— Já que é assim, passe – respondi, levantando-me do sofá para pegar o telefone sem fio que estava ao lado do computador.

— Tudo bem, dra. Raquel? – falei, meio sem força.

— Bem, dr. Eduardo. Desculpe se interrompo seu pós-almoço, mas gostaríamos de falar com o senhor ainda hoje, se possível.

— Veja, dra. Raquel, se é para saber da minha resposta, ainda não tomei nenhuma decisão. Estou pensando e...

Raquel não me deixou finalizar a frase:

— Sei que está no seu prazo, dr. Eduardo, mas venha conversar conosco novamente hoje. Temos novidades. Você vai gostar! Tenho certeza!

Quase morri de curiosidade. Não me contive.

— Mas o que seria?

— Venha e verá, dr. Eduardo. Espero você às dezoito e trinta, no bar do Sheraton. Sabe onde é, não sabe? Na entrada do hotel, do lado esquerdo.

— Vou ver.

De novo, Raquel não me permitiu encerrar a frase:

— Que nada. Nós o esperamos às dezoito e trinta. Tchau, querido.

Não tive como falar mais nada. É claro que fiquei imaginando o que queriam comigo... Já havíamos conversado durante uma hora no dia anterior e não havia vencido meu prazo de resposta. Bom, restava esperar as dezoito e trinta chegarem.

Às dezoito horas, peguei meu carro e fui para o hotel. Era difícil estacionar nas proximidades, para não dizer impossível, ainda mais naquele horário de fim de tarde. Acabei deixando o carro com o manobrista do hotel, já ansioso para me encontrar com todos.

Quando cheguei ao bar do hotel, que também era restaurante, lá estavam Raquel, Jim, George e Wilson. Levantaram-se para me cumprimentar de maneira fervorosa. Estranhei um pouco e fui mais comedido na resposta.

Quando Raquel me perguntou se eu aceitava beber um champanhe, quase perguntei o motivo da comemoração. Lógico, não disse isso. Seria uma falta de educação.

Falei, então:

— Bom, como estão todos de taça na mão, não serei eu a contrariar.

— Aqui está – disse Raquel, estendendo uma taça para mim.

Peguei a taça, o garçom aproximou-se e serviu-me da garrafa de champanhe que estava no balde. Mirei o rótulo. Tratava-se de um champanhe francês, e dos caros: Dom Pérignon.

É, eu estava tomando um champanhe francês com advogados famosos estadunidenses. Ah, e eles pagando!

Raquel também me ofereceu bolachas pequenas e quadradas com caviar preto. Após alguns comentários sobre o trabalho, a cidade e o hotel, veio o assunto central da reunião.

George tomou a palavra e foi bastante direto:

— Sabe, Eduardo – já querendo ser mais íntimo –, estivemos em reunião eu, Jim e nossos colegas do escritório de Miami, o Podhurst, e decidimos lhe fazer um convite.

Wilson traduziu, e apenas balbuciei que sim.

George continuou:

— Analisamos você e verificamos que nosso projeto necessita de alguém, ou melhor, de um advogado com base aqui em Porto Alegre que pudesse estar conosco.

Wilson traduziu. Eu apenas ouvia, bebia e fazia sinal positivo com a cabeça.

Ele prosseguiu:

— Então, analisando todo o conjunto que pretendemos evoluir com o nosso objetivo neste caso, que é obter o maior número possível de assentos para colocar na ação que será ingressada nos Estados Unidos, todos nós concordamos em lhe fazer um convite para você integrar, de maneira completa, nosso time.

Wilson ia traduzindo, e eu cada vez mais ia me surpreendendo com o que saía da boca de George.

E ele continuou:

— Queremos que você largue seu escritório, largue seu dia a dia e venha trabalhar *full-time* neste caso. Não sei se você sabe, mas faleceram 187 pessoas dentro do avião e doze em solo. Boa parte dessas pessoas tem seus familiares entre o estado do Rio Grande do Sul e o de São Paulo. Mas, é claro, há familiares de vítimas espalhados praticamente por todo o Brasil; temos isso mapeado. Raquel já fez muitos contatos e obteve vários clientes. Também está há mais de dois meses nisso. Há pouco mais de um mês, juntou-se a nós o escritório dos Kirs, que conseguiu uns contratos, mas poucos. Você tem muitos clientes para angariar. Pode estar certo disso! E, veja, vamos pagar tudo para você. Suas viagens serão todas por nossa conta. A passagem aérea, o hotel, a sua conta de celular – desde que usada para o trabalho conosco, é claro – sua alimentação, tudo! Você não vai gastar com nada neste trabalho! Temos nossa secretária administrativa, Silvia, que dará todo o suporte para você. Vou lhe passar o *e-mail* e o telefone dela; Silvia marca a passagem, o hotel e pode agendar a reunião com a família para você, se achar conveniente. O que você gastar, e não puder ser antecipado, como o caso da conta do celular, envie para Silvia conferir e lhe ressarcir. Veja, Eduardo, é um trabalho grandioso! E mais, você estará ajudando essas famílias! O melhor caminho é entrar conosco. Veja, vou lhe explicar. Neste voo, havia um norte-americano, Michael Green, que era diretor de um banco e morava em Miami. Então, vamos ingressar com ação de indenização em Miami e as famílias brasileiras se juntarão nesse processo.

Wilson traduziu e eu estava muito atento. Foi quando eu disse, após a tradução:

— Como um litisconsorte?

Raquel traduziu para George, que falava, e Jim, que escutava.

George prosseguiu:

— Esse processo vai ser julgado por um júri. Pessoas simples do povo, que se sensibilizam pela dor do ser humano, que vão se emocionar com a perda dessas famílias. E aí, Eduardo, a indenização será bem alta!

Eu estava admirado por tudo o que George contava. Ele era eloquente e transmitia muita certeza para quem o ouvia. E continuou:

— Mas tenho a convicção de que, muito antes de ir para júri, a seguradora da companhia aérea virá para um acordo. É claro que isso envolverá muitas rodadas de negociação. Propostas de um lado, contrapropostas de outro. Mas, ao final, tenho certeza de que conseguiremos um bom valor para essas famílias que estão tão fragilizadas.

Ouvia a tradução do Wilson e sentia-me completamente absorvido por essa estratégia de processo nos Estados Unidos.

Foi quando Jim falou:

— Todos os nossos casos acabam em acordo. E um bom acordo. Temos inúmeros casos de sucesso para lhe mostrar. Alguns estão no *folder* que você tem. Acredite: é o melhor caminho.

E Raquel interveio:

— Mais do que ninguém, você sabe, Eduardo, quanto tempo leva um processo no Brasil.

Fui obrigado a concordar afirmativamente com a cabeça.

Raquel continuou:

— Um processo como esse vai levar quantos anos? Cinco, oito, quem sabe até dez anos! Você sabe que falo a verdade! Você está no dia a dia.

Só pude responder o seguinte:

— Sei. É a mais pura e triste realidade!

E aí George voltou a falar:

— Gostamos de você, Eduardo. Achamos que você tem o perfil que falta para fechar nosso time de advogados brasileiros. Você irá se somar à Raquel e aos irmãos Kirs.

Wilson traduziu. Aquilo caiu como uma bomba em mim. Eu estava quieto, mas naquele momento falei:

— Veja, George. Fico lisonjeado com o convite, mas tenho meus clientes. Tenho meus processos para cuidar. Meu escritório não é grande, mas tem gente trabalhando para mim. Como irei tocar minha vida? Pagar minhas contas?

Foi quando Jim me fitou bem no fundo dos meus olhos. Parecia que iria invadir a minha mente. E comentou:

— Eduardo, estou nisso há muito tempo. E o caso da Erin me fez entender bastante sobre o ser humano. Aprendi a ter olho clínico para os casos bons e também para os profissionais de qualidade. Não quero me enganar com você, Barbosa. Você pode progredir nesse ramo do Direito. Aproveite esta chance para começar! Não perca!

Wilson demorou um pouco mais para traduzir. Mas eu havia entendido a deferência que Jim tinha feito a mim. Estava honrado com as palavras dele. Ele havia tocado na minha alma!

Ali, naquele momento, decidi: "Vou me dedicar e me entregar a esse trabalho!". Mas, depois que Wilson traduziu, fiquei imerso nos meus pensamentos.

George, então, falou:

— Estamos fechados, dr. Eduardo?

Confesso que não tive forças para dizer não. Nem para dizer que ia pensar. De maneira intensa, com um friozinho na barriga, olhei firmemente para Jim e afirmei:

— Acho que sim!

George mandou que o garçom servisse mais uma taça de Dom Pérignon a todos – Raquel, Wilson, Jim e eu. Quando todos estavam com suas taças cheias, George levantou-se, ergueu a mão com a taça e vociferou:

— Um brinde ao mais novo sócio, Eduardo Barbosa!

E todos tocaram suas taças e brindaram. Aquele champanhe me desceu pela garganta como se fosse um néctar dos deuses! Parecia que eu estava entrando no paraíso. E que, a partir dali, tudo seria uma vida nova e próspera! De certa maneira, o futuro confirmou essa sensação!

Ficamos no bar até quase uma hora da manhã. Eu estava encantado com as novas amizades ou a nova sociedade e com tudo o que estava vindo junto. Quando me despedi de todos, Raquel me falou:

— George e Jim querem você aqui, amanhã, às seis da tarde, para assinar o contrato e combinar as coisas.

Despedi-me dela e fui para casa, animado. Parecia que a vida estava finalmente sorrindo para mim.

O dia seguinte era sexta-feira. Fui cedo para o escritório. Estava muito bem disposto. Logo, Marlene percebeu e beliscou:

— Que bicho o mordeu, doutor? Levantou algum alvará ontem e não comentou com a gente? – e deu aquela sonora gargalhada que lhe era peculiar.

Marlene era uma moça jovem, com seus 25 anos. Era de origem humilde, muito esforçada e tinha um ótimo humor. Eu valorizava isso nela. O ambiente ficava leve com a presença dela. Seu sorriso e sua gargalhada quebravam o estereotipado ambiente de escritório de advocacia, em que todos estão sempre sérios.

Já Tarcísio era um advogado de 33 anos. Havia sido indicado por uma amiga. Estava comigo no escritório há dois anos e meio. Era voltado para a política. Talvez em excesso, na minha opinião. Mas, ajudava-me, e ele também precisava daquele emprego, pois tinha um filho recém-nascido.

Naquela manhã de sexta-feira, resolvi contar tudo o que estava acontecendo. Percebi que os dois estavam impressionados com a história. A primeira pergunta veio de Marlene:

— O senhor fala inglês?

— Não muito, Marlene.

Naquele momento, me veio um filme na cabeça, em que apareciam as minhas dificuldades de me comunicar com Jim e George. É claro que sempre tinha Wilson. Mas, e depois, como faria? Seria refém de Wilson? E se fizesse um intensivo de inglês? Um curso de imersão, 24 horas estudando. Não, definitivamente isso era inviável.

Fiquei um pouco desatento ao que falaram após a observação de Marlene. Foi quando Tarcísio comentou:

— Eduardo, pelo que você comentou, irá viajar muito. Duas questões.

Tarcísio gostava de falar com entonação de discurso. Naquele momento, parecia que estava incorporado em um político em dia de discurso de posse.

— Você viajará direto à caça de clientes. E irá sozinho? O escritório não pode ficar sozinho.

Tarcísio deu a clara demonstração de que não tinha nenhuma intenção de me acompanhar. E diga-se que, em nenhum momento, pensei em convidá-lo.

— Sim, Tarcísio, irei sozinho. Você ficará cuidando do escritório. Assim espero, certo? – falei, fitando Tarcísio com um olhar questionador e incisivo.

— Com certeza, Eduardo! – ele me respondeu.

A segunda indagação de Tarcísio me fez pensar mais profundamente. Viajar sozinho à caça de clientes? Lembrei-me de que Raquel estava com o pai, embora eu não o tivesse visto ainda. E o outro escritório, Kirs, eram em três.

Finalizei a conversa sobre o assunto e retomei a rotina de trabalho no escritório. Na hora do almoço, fui sozinho. Sentei-me à mesa do restaurante perto do escritório e fiquei imaginando e pensando.

Por várias vezes, veio à minha mente a imagem de Vívian, minha colega da pós-graduação da PUC-RS. As aulas eram às sextas-feiras à tarde e à noite e aos sábados de manhã. Quando a vi pela primeira vez, sua beleza chamou minha atenção. Quando comecei a conversar com ela, percebi que era uma mulher bastante inteligente. Ela era alta, tinha cabelos castanho-claros, quase loiros, olhos pretos e amendoados e uma pele que parecia estar sempre bronzeada. E era encantadora por ser jovem, linda e proficiente, além de ter um bom papo.

Eu era um homem separado há seis anos. Meu filho, Gustavo, tinha oito anos de idade, e o relacionamento com minha ex-mulher não era muito bom, o que prejudicou a relação e o vínculo com meu filho.

Em razão disso tudo, eu estava um pouco afastado de envolvimentos amorosos sérios. Havia terminado um namoro há pouco e morava sozinho. Então, é claro que eu saía à noite e conhecia outras mulheres, mas estava focado no meu escritório e trabalhava muito, inclusive, aos sábados e domingos. Aliás, vida de advogado, para quem não sabe, é de servidão integral ao Direito, em nome dos clientes, inclusive, aos finais de semana ou fora do horário "comercial".

Pois bem, durante as aulas, eu procurava me sentar sempre ao lado de Vívian; afinal, eu estava atraído por ela, embora talvez ela não soubesse realmente quanto. Primeiro, veio o coleguismo e, daí, nossa amizade prosperou. Conversávamos no intervalo das aulas e, ao final da aula, comumente, eu a acompanhava até o seu carro. Eu estava deslumbrado por ela, não nego. Tornava-se cada vez mais difícil não querer estar perto dela.

Ela estava desempregada. Contou-me que trabalhou antes em um órgão estatal durante três anos. Percebi que ela estava querendo se encontrar na vida profissional. Em várias conversas, transpassou a ideia de querer ser advogada e, efetivamente, trabalhar na profissão.

E, então, me deu o estalo! Por que não levar Vívian à reunião de hoje, mais tarde, no Hotel Sheraton? Ora, posso convidá-la sem compromisso e ver como ela reage. E mais, ela falava e escrevia inglês fluentemente; concluíra o último estágio de um curso de inglês.

Pensei: "Ótimo, o que vai me custar? Bem... A aula de hoje começa às dezenove e trinta, e a reunião será às dezoito horas. Será que a convido pelo telefone?".

Resolvi parecer louco e liguei para Raquel dizendo que eu só poderia chegar à reunião às vinte horas. Ela respondeu-me que não haveria problemas; disse que eles não tinham "hora", pois estavam morando no hotel naqueles dias e estavam sempre envolvidos em reuniões.

"Maravilha", pensei.

Quando cheguei à PUC-RS, perto das dezenove horas, logo fui aguardar Vívian. Estava com os olhos mirando a entrada do prédio em que as nossas aulas ocorriam. Finalmente, ela apareceu. Linda e bem vestida, como sempre.

Convidei-a para tomar um café e comecei a contar. Resolvi explicar tudo. Desde o começo. E falei da reunião que tinha naquela hora. E que precisava muito que ela me acompanhasse.

Ela relutou um pouco, até porque estava com seu carro no estacionamento e tudo o mais. Mas insisti e a convenci a deixar o carro no estacionamento. Após a reunião, eu a deixaria em casa. No dia seguinte, tínhamos aula; eu a pegaria em casa e a levaria para a PUC-RS.

Quando terminei as minhas argumentações, ela concordou em "matar" a aula e me acompanhar na reunião. Gostei muito e me senti mais confiante!

CAPÍTULO 5

PARCERIA

ENTRAMOS NO HOTEL Sheraton por volta das oito da noite e fomos direto para o bar-restaurante. Raquel havia me informado que a nossa reunião seria lá.

Estavam todos sentados a uma mesa, em um canto mais isolado da parte do restaurante. Lá estavam George, Jim, o fiel escudeiro Wilson, além de Raquel.

A mesa já tinha um balde de champanhe, com a cabeça do Dom Pérignon aparecendo, e mais alguns pratos de beliscos apetitosos.

Quando me aproximei com Vívian, todos se levantaram. Era visível a surpresa de todos com a presença daquela mulher bonita. Os olhos do universo masculino brilhavam.

— Boa noite. Deixem-me apresentar a minha colega, dra. Vívian.

Jim saiu na frente para cumprimentá-la e disse:

— Muito prazer, dra. Vívian. Seja bem-vinda!

Na sequência, veio George:

— É um prazer contar com uma integrante tão bonita em nossa equipe.

Naquele momento, Vívian olhou para mim com uma interrogação no olhar. Fingi que não era comigo. Imagino que ela deva ter pensado que eu já havia comentado que ela trabalhava comigo.

Percebi que era essa a impressão inicial causada. E não fiquei nem um pouco incomodado com isso. Sempre afirmei que, ao lado de mulher bonita, nunca se perde.

Sentamos todos à mesa e logo a atenção estava voltada para mim e Vívian, é claro. Não demorou e já estavam conversando em inglês, Vívian, George e Jim.

A conversa fluía de maneira natural. Vívian já havia ido a alguns lugares dos Estados Unidos, e era sobre isso que falavam. Sendo assim, acabei forçadamente conversando com Raquel e Wilson. Este não estava atento a nenhuma tradução da conversa que era mantida entre Vívian e os estadunidenses. E estava certo, pois era um papo descontraído que não envolvia interesses profissionais.

O clima era muito interessante à mesa. Parecia haver um início de afeição entre todos, apesar de nos conhecermos há pouco tempo. Depois que todos fizeram seus pedidos para o jantar, George fitou-me e perguntou, seriamente, contrastando com o que acontecia até aquele momento:

— Então, Eduardo, vamos assinar o contrato de sociedade entre nós?

Todos dirigiram o olhar para mim.

Respirei fundo e demorei um pouco para responder. Dei uma rápida virada de olhar para Vívian e respondi:

— George, Jim e colegas, estive pensando bastante sobre tudo o que conversamos nos últimos dias e entendi que terei que largar o meu escritório para me dedicar a esse trabalho. Vou visitar essas famílias traumatizadas, vou me expor integral e fisicamente, e com meu nome. Vocês sabem que o nome é o que se tem de mais valioso, ainda mais na advocacia aqui no Brasil. Conheci vocês agora. É claro que notei que são pessoas honestas, corretas. Mas, vejam, a ação vai se desenrolar nos Estados Unidos, em Miami. E lá, no local, não conheço a estrutura de vocês. Nem mesmo os escritórios que vão tocar o processo. Como vocês falaram, têm os escritórios de Los Angeles e de Miami. Vou representá-los aqui no Brasil e sequer conheço os escritórios sócios.

Foi quando Jim e George, que prestavam bastante atenção na minha fala, se olharam.

Continuei:

— Então, para me sentir mais tranquilo e confiante na nossa sociedade, entendo que, antes de começar, gostaria de visitar seus escritórios nos Estados Unidos.

Todos que estavam ali desviaram o olhar de mim e viraram a cabeça para Jim e George. Wilson acabava de traduzir para os estadunidenses. Foi quando Jim cochichou no ouvido de George, que falou:

— OK, Eduardo. Entendo a sua posição. Dê-me licença por alguns minutos, pois vou tratar disso, agora mesmo, com Jim. Vamos dar uns telefonemas e já voltaremos.

Wilson traduziu. Vívian, que estava sentada ao meu lado, disse-me em tom mais baixo:

— Não sabia que você ia pedir isso...

Pensei, mas não disse que tal pensamento havia surgido naquele momento do jantar. Estava maturando a situação na minha cabeça. Nem respondi para Vívian.

Foi Raquel que falou com tom admirador:

— Acho que você fez muito bem, Eduardo. Estou com eles há três meses e não pedi isso. Não sei como não me toquei!

E ficamos conversando e bebendo. Wilson também falou um pouco sobre ele. Contou-nos que estava com os estadunidenses desde o começo, há três meses. Era de Porto Alegre, casado e pai de duas filhas.

Perguntei como ele havia os conhecido. Ele me respondeu:

— Vi um anúncio no jornal *Folha de S.Paulo* e enviei o meu currículo. Uma semana depois, George veio a Porto Alegre e me entrevistou. No mesmo dia, poucas horas depois da entrevista, eu já estava contratado e comecei a trabalhar imediatamente. Sabe, Eduardo, vi que esses norte-americanos são bem objetivos. Não perdem tempo. E acho que sua proposta será respondida daqui a pouco.

Comentei:

— Será tão rápido assim? E você, Wilson, está gostando de trabalhar para eles?

— Olha, Eduardo, vou ser sincero. Estou gostando bastante. É um trabalho envolvente. Já estive com mais de cinquenta famílias, em reunião com George presente. Às vezes, Jim também está. E já ouvi cada história! Você não tem noção! Este trabalho mudou a minha vida. Ao perceber a dor dessas pessoas e o sofrimento pelo qual estão passando, tornei-me uma pessoa mais sensível. Passei a não reclamar mais da vida, como fazia antes. Aliás, falo isso bastante em casa.

Raquel, Vívian e eu estávamos superatentos às palavras de Wilson.

E perguntei:

— Você parece gostar dos norte-americanos, não é, Wilson?

— Ah, não vou mentir, Eduardo. Nesses três meses de convivência quase diária com eles, posso dizer que são pessoas altamente comprometidas com a causa, além de muito corretas.

Essas palavras de Wilson caíram como uma onda de paz sobre mim! Em virtude do que ele disse, senti-me mais convicto do que estava fazendo.

Naquele momento, dois garçons aproximaram-se da nossa mesa, trazendo os pratos do jantar. Foi aí que George e Jim retornaram e sentaram-se em seus lugares à mesa. Foi George quem falou, olhando no fundo dos meus olhos:

— Tudo certo, Eduardo. Falei com os meus sócios agora em Miami, que é onde fica o escritório Podhurst, e com Jim aqui. Como queremos você na nossa equipe, concordamos com sua ida a Miami e a Los Angeles, para conhecer os nossos escritórios.

Ouvi aquilo e parecia não acreditar. Eles haviam topado a minha proposta.

Respondi, tentando não mostrar muita surpresa:

— Que ótimo!

Os pratos foram colocados à frente de cada um da mesa. Eu havia pedido um salmão, assim como Vívian. Jim estava com um imenso prato de camarões com acompanhamentos. George tinha à sua frente um prato de ostras gratinadas com limão. Raquel estava entretida com seu filé bovino, assim como Wilson.

Começamos a dar as primeiras garfadas e dei uma olhada para Vívian para sentir o seu olhar. Ela estava bem entrosada. Agora, conversava com Raquel de maneira animada. Vi que era assunto feminino e não quis me intrometer. Estava vendo a hora em que George ou Jim retomariam o assunto da viagem. Certamente, seria após o jantar.

Não deu outra. Quando os garçons estavam retirando os pratos e Raquel e Vívian olhavam o cardápio da sobremesa, George retomou o assunto.

— Você irá na segunda-feira, Barbosa! Silvia, nossa secretária, que trata disso, já está ciente e irá telefonar para ti amanhã de manhã para combinar os horários, etc. OK?

Wilson estava traduzindo, mas, antes do final, Vívian já me fitava com olhar de surpresa.

Foi quando falei:

— Mas, George, hoje é sexta-feira. Ou melhor, noite de sexta, quase sábado. Não consigo viajar na próxima segunda. Preciso me organizar...

George interrompeu:

— Está bem, você vai na terça-feira. Não podemos perder mais tempo. Você vai primeiro a Los Angeles e, depois, a Miami. De qualquer maneira, Silvia vai lhe ligar, amanhã pela manhã, para tirar as passagens e definir o hotel.

Senti que eu estava tratando com um homem muito profissional. Eu é quem deveria me adequar a essa nova realidade. Ali, percebi que minha vida estava mudando de rumo.

Naquele momento, Raquel pediu licença para se levantar e atender a uma ligação pelo celular. Vívian também fez menção de ir ao banheiro. Era o momento que eu aguardava para estar a sós com os estadunidenses.

Não perdi tempo e falei:

— Quero ir com minha colega, dra. Vívian. Afinal, ela trabalhará comigo nos casos. Tem algum problema, George?

Olhei para George e Jim. Wilson traduziu e George respondeu:

— Sem problemas, Eduardo. Ela vai com você. Vou enviar um *e-mail* para a Silvia, informando-a para providenciar duas passagens.

Achei também que era o momento de tocar em um assunto delicado, os honorários. E pedi mais um pouco de atenção:

— George – comecei um tanto vacilante –, tem mais um assunto nesse nosso começo de sociedade que acho que é preciso ser definido.

Wilson traduziu.

— É com relação aos honorários. Vi que você falou em Y% dos X% que você cobra dos clientes, e queria reivindicar Z% para mim. Já vou largar meu escritório e me expor Brasil afora, acho mais justo ter ao menos Z% de honorários.

(Mais uma vez, não vou revelar o valor dos honorários, mesmo sendo em percentual, por uma questão de ética profissional.)

George fitou-me, com um olhar ainda mais profundo do que das outras vezes. Com muita seriedade e firmeza, disse uma frase que jamais esquecerei:

— Eduardo, nós, norte-americanos, só falamos uma vez sobre honorários. Você aproveita para falar disso hoje, pois não vamos mais tocar nesse assunto após esta noite. O que ficar definido entre mim e você será definitivo e inegociável.

Wilson traduziu.

Fiquei bem impressionado com aquelas palavras e respondi:

— Sim, George.

E ele retomou:

— Não posso pagar Z% para você, pois para os outros dois escritórios já pago Y%. E não teria argumentos para explicar a eles por que você ganha mais do que eles. Mais alguma coisa em relação a isso?

Fiquei meio sem ação e resumi:

— Entendo.

E George, já querendo finalizar:

— Estamos definidos? Esse assunto já faz parte do passado, OK?

Wilson traduziu e, em seguida, respondi, sem titubear:

— Sim, está certo.

A maneira de pensar do George, em relação a honorários, está muito acertada. Adotei esse modo de proceder na minha vida profissional.

— Então, vamos colocar nossa mente e nossos pensamentos no trabalho. Vamos procurar as famílias. Lembrem-se: estamos ajudando essas famílias. A melhor solução para eles somos nós. A ação indenizatória nos Estados Unidos será a melhor alternativa para eles. Convençam-se disso para convencer os clientes!

Wilson traduziu. Comentei:

— É por isso que quero conhecer melhor vocês.

Wilson traduziu para George e Jim. Naquele momento, Jim, que estava mais de ouvinte, interveio:

— Que bom que está tudo claro e definido. Se você não resolve as questões de dinheiro, o resto do trabalho não anda tão bem. Que ótimo que ficou tudo resolvido.

Jim ergueu a sua taça de champanhe e falou:

— Feliz por vocês estarem conosco!

Wilson traduziu e todos brindamos. Eu estava contente.

Vívian retornou à mesa junto com Raquel. Elas tinham se encontrado na saída do banheiro e ficaram conversando por alguns minutos. Quando as duas chegaram, Jim antecipou-se ao dizer:

— Vívian, prepare-se. Sua viagem para nos conhecer nos Estados Unidos será na próxima terça-feira. Prometo levar vocês para jantar. *Very nice*!

Wilson traduziu, embora, para ela, a tradução fosse dispensável. Para minha surpresa, Vívian não parecia chateada. Até sorriu e falou:

— Ah, é?

Raquel foi um pouco lacônica na sua intervenção e falou:

— Que bom.

E finalizamos aquela noite após mais alguns papos agradáveis. Saímos da mesa do restaurante do hotel à uma e meia da manhã. Os estadunidenses subiram para seus quartos, assim como Raquel e Wilson.

Fui caminhando para o local do serviço de manobrista com Vívian. Estávamos alegres e entusiasmados. Eu, particularmente, estava muito animado. Afinal, minha proposta tinha sido aceita. Eu iria para os Estados Unidos conhecer os escritórios, meus sócios.

Não sabia como falar para Vívian sobre o que havia acontecido até que, quando o manobrista veio me entregar a chave do carro, tirei o dinheiro para pagar e resolvi começar dizendo:

— Sei que não lhe falei nada sobre a viagem ou trabalharmos juntos. Peço desculpas por isso. Mas acho que tem tudo a ver trabalharmos neste caso da TAM. Veja, é um caso internacional, atuaremos no exterior. É única essa situação! E não tenho outra pessoa com a sua qualificação.

Ela pensou por alguns segundos e falou:

— Não fiquei brava por isso. Foi tudo natural. E você está confiando em mim também. Eu é que lhe pergunto: como você sabe da minha capacidade se nunca trabalhou comigo? Sabe, Eduardo, não peticiono nem trabalho em processo faz muito tempo. Não vá esperando de mim uma advogada pronta, pois não sou.

Fiquei ainda mais fã de Vívian depois dessa. Sinal de honestidade e humildade, difícil hoje em dia.

Respondi:

— Sei que você não tem experiência no momento. Não esquente com isso. Mas você é inteligente, fala e escreve fluentemente inglês e vai me ajudar muito nesse trabalho. E, claro, quero lhe pagar um percentual do que irei receber. O importante é: você aceita trabalhar comigo, então? Vamos viajar juntos na terça?

Quando perguntei isso, senti um frio na barriga que pensei que não fosse aguentar. Fitei Vívian profundamente com um olhar pedinte, creio.

Ela mexeu nos cabelos e ficou um pouco pensativa antes de me responder. Então, falou:

— Você, hein, Eduardo! Também me deixa sem saída. E se eu não for viajar com você?

Respondi em tom de desespero:

— Estarei morto! Por favor, Vívian, conto com você! Muitas vezes, você me falou durante os intervalos das aulas da faculdade que queria voltar a trabalhar na advocacia. Aí está a chance. Um caso internacional. Vai começar pelos Estados Unidos, em Los Angeles e Miami. O que quer mais? Não terá uma segunda chance! Você vai começar por cima e ganhar dinheiro.

Foi quando ela me fitou com um olhar novo. Ainda não tinha percebido esse olhar em Vívian.

Ela falou:

— Está bem, Eduardo, estou com você!

Só faltou eu soltar foguetes! Ao lado daquela mulher, ninguém podia comigo.

Entramos no carro, em direção à casa de Vívian. Deixei-a em sua casa. Despedi-me com um beijo no rosto e um abraço afetuoso.

Havia ganhado uma colega de trabalho e, quem sabe, uma namorada, muito linda e que viajaria para o exterior comigo com tudo pago. Que conto de fadas eu estava vivendo!

Cheguei em casa e fui para a cama, imaginando o que o futuro estava reservando para mim.

CAPÍTULO 6

ROTEIRO DA VIAGEM

NA MANHÃ DE sábado, logo que acordei, meu celular tocou. Era de um número desconhecido. Muitas vezes, não atendo, mas, desta vez, resolvi atender.

— Quem é? – indaguei.

— Aqui é Silvia. Sou a responsável pela parte administrativa do escritório Masry & Vititoe. Muito prazer, dr. Eduardo!

Era uma voz bem feminina. Passava serenidade e era simpática.

— Olá, Silvia – falei.

— Vamos marcar a viagem sua e de Vívian?

— Vamos, sim – respondi.

Silvia falava um bom português, ao que acrescentei:

— Pensei que você fosse norte-americana.

Ela respondeu prontamente:

— Sou brasileira, mas moro em Nova York há dez anos.

Depois que passei os meus dados e os da Vívian, Silvia ficou de retornar ainda no sábado para fornecer todo o roteiro da viagem.

Tive a melhor das impressões de Silvia. Tanto no aspecto de eficiência quanto na afetividade. Era uma pessoa agradável, ainda que fosse uma primeira impressão.

Comecei a arrumar a mala, não sem antes ficar um bom tempo pensando em tudo o que estava acontecendo e no que estava por vir.

Resolvi ir para o escritório naquele sábado, logo após o almoço, a fim de dar uma última olhada em tudo o que estava deixando nas mãos de Tarcísio e Marlene. Confiava neles, mas não podia deixar de me preocupar com a minha ausência prolongada.

Eram três e meia da tarde, quando meu celular tocou. Olhei para o visor e vi um número desconhecido. Pensei em Silvia e não deu outra. Era ela, com sua voz amistosa, mas firme:

— Boa tarde, dr. Eduardo, tudo bem?

— Olá, Silvia. Bem, e você?

— Fiquei até agora há pouco fechando sua viagem. Não foi fácil em cima da hora.

— Imagino – respondi.

— Mas consegui um roteiro bem prático para você e a dra. Vívian.

— Ah, é? Pode deixar o doutor de lado, Silvia. Só Eduardo está ótimo. E para a Vívian também.

— OK. Bem, vou passar as informações por *e-mail*, mas, se já quiser saber, posso informar.

— Pode me passar, por favor.

— Você vai sair de Porto Alegre na segunda-feira, dia 05, às onze horas. Fará uma conexão em São Paulo e, às dezesseis horas, vai direto para Los Angeles. Chegarão na madrugada da terça, dia 06. Irão para o hotel que está no *e-mail*. Descansarão pela manhã. Às quatorze horas, um motorista irá buscá-los no hotel e os levará direto para o escritório Masry & Vititoe. Ficarão, à tarde, por lá. No finzinho da tarde, Jim os levará para jantar. No dia seguinte, conhecerão as casas de Jim e George, para terem um relacionamento mais próximo. Na noite do dia 07, seguirão para Miami. Terão a manhã livre do dia 08 para descansar. Um carro irá buscá-los no hotel e os levará ao escritório Podhurst Orseck. Passarão a tarde lá. À tardinha, alguém do escritório os levará para jantar e passear um pouco à noite. No dia 09, poderão retornar ao escritório Podhurst Orseck, bem como visitar outros locais de seu interesse ou em relação à Justiça. No dia 10, sábado, bem cedo, retornarão ao Brasil, com conexão em São Paulo, chegando a Porto Alegre por volta das vinte e uma horas. É isso, Eduardo.

— É puxado, mas acho que é bem isso. Focado no trabalho – eu disse.

Silvia deu uma gargalhada discreta e falou:

— Não vai sobrar muito tempo para outras coisas... Ha-ha-ha.

Não sabia o que dizer:

— Com certeza – falei.

— Então é isso, Eduardo. Veja no seu *e-mail* se está tudo conforme lhe passei agora. Qualquer coisa, ligue para mim. Não fique constrangido por ser sábado ou mesmo amanhã, que é domingo. Estou aqui para ajudá-lo. Tenha uma excelente viagem, Eduardo. Ah, e me passe o telefone e o *e-mail* da Vívian, por favor.

— Claro. Anote aí.

Dei-lhe os dados da Vívian. Em seguida, agradeci a atenção dela e desliguei.

Meu Deus! Estava atônito com tudo o que tinha ouvido. Resolvi ligar para Vívian e contar-lhe sobre a nossa viagem. Fiquei um tanto inseguro e temeroso da reação de Vívian, mas ela foi receptiva, embora um pouco contida. Ficou surpresa, é claro. Até a sexta-feira anterior, ela não trabalhava comigo. Um dia depois, já estava se aprontando para viajar comigo para os Estados Unidos!

Ficamos um bom tempo ao telefone. Afinal, tínhamos que ajustar uma série de coisas até a viagem. Combinamos de nos encontrar no aeroporto às nove e meia da manhã da segunda-feira.

Naquele sábado, saí do escritório às oito da noite e fui direto para casa. Estava ansioso, mas, ao mesmo tempo, com uma energia positiva. Sentia que aquela viagem seria muito marcante, que algo muito intenso e significativo aconteceria na minha vida a partir daquela experiência. E nessa *vibe*, passei o restante do fim de semana, ficando em casa praticamente o tempo todo.

CAPÍTULO 7

LOS ANGELES

CHEGUEI AO AEROPORTO um pouco antes das nove e meia. Resolvi aguardar pela Vívian antes do embarque. Mal podia esperar para vê-la. Por pouco, não liguei no domingo. Depois, pensei melhor e achei que poderia ser uma demasia. Mirava para os dois lados, a fim de ver por onde ela poderia aparecer, mas nada ainda.

De repente, quando procurava no bolso o papel do *check-in* que Silvia havia enviado, Vívian tocou no meu ombro e falou:

— Tudo bem, Eduardo?

Surpreso, respondi:

— Oi, Vívian! E aí?

Ela estava lindíssima. Vestia um conjunto cinza e uma camisa branca. O sapato preto, de salto alto, a deixava ainda mais em destaque. Seu cabelo, castanho-claro, estava solto e muito bonito.

Então, perguntei:

— Preparada para a maratona?

— Espero que sim. Estou com o *check-in* que a Silvia me enviou no sábado.

— Eu também – e mostrei o papel.

— Aliás, muito simpática a Silvia. Gostei dela.

— Também achei – respondi.

Entramos no salão de embarque do aeroporto de Porto Alegre e fomos conversando sobre a viagem até São Paulo. Depois, Vívian me mostrou um livro do escritor John Grisham. Era em inglês e se tratava de um romance policial.

Fiquei admirado por Vívian ler em inglês como se fosse em português. "Realmente, era a pessoa que eu precisava nessa empreitada", pensava eu.

Às dezesseis horas, o avião partiu para Los Angeles, e o destino estava traçado. A viagem foi cansativa, mas o clima entre mim e Vívian era o melhor; então, pudemos aproveitar a viagem.

Ao chegar a Los Angeles, pegamos as malas e fomos correndo em direção a um táxi, para irmos para o hotel. Era bem cedo, cerca de seis da manhã de um dia lindo, com muito sol.

Chegamos ao hotel, que era do tipo executivo, sem luxo. Era funcional, do tipo que era usado apenas para dormir. Vívian subiu para o seu quarto e eu, para o meu.

Resolvemos descer meia hora depois para tomar café da manhã. Fomos caminhar perto do hotel e tomamos um café nas redondezas. Não demorei muito para perceber que eu estava apaixonado por Vívian!

Naquela terça-feira pela manhã, em Los Angeles, em um hotel simples e em um bairro não glamoroso daquela cidade, percebi que Vívian era a mulher da minha vida.

Às quatorze horas, veio um carro com motorista nos buscar. Era um *sedan*, e o motorista nos levou ao escritório Masry & Vititoe.

Era uma casa grande – na verdade, uma mansão. Ficava em um bairro rico de Los Angeles, na parte alta de uma subida. Era imponente. Tinha duas colunas ao estilo grego de cada lado e, no centro, uma porta grande de vidro, com fios de ferro dourados entrelaçando-se na frente do vidro.

Entramos na casa e, em seguida, fomos acompanhados por uma mulher de cerca de quarenta anos, alta e elegante, até o andar de cima da casa. Lá, veio Jim Vititoe nos cumprimentar e nos abraçar.

— Eduardo e Vívian, que prazer ver vocês, meus amigos!

Desta vez, Wilson não estava lá para fazer a tradução; então, Vívian se colocou no papel de tradutora-intérprete. Fui abraçar Jim e ele me beijou no rosto. Percebi que queria se mostrar íntimo e afetuoso.

— Muito prazer em revê-lo, Jim.

E Vívian também o cumprimentou.

— Muito lindo seu escritório – elogiei.

Logo, Jim mandou nos servir café. Enquanto tomávamos o café, ele nos apresentou sua assistente, Susan. Após conversas triviais sobre a viagem, a cidade de Los Angeles e outras amenidades, Jim nos levou para conhecer o escritório.

A casa realmente era bem grande. Mas não eram todos os ambientes que estavam ocupados. Havia cômodos fechados; outros com poucas pessoas. Quando fomos ao fim do segundo e último andar, Jim nos mostrou onde ficava o setor jurídico do escritório. Havia um balcão alto de granito branco na frente e, atrás, ficavam quatro advogados instalados em mesas e cadeiras.

Percebi que eram três mulheres e um homem. Foi perceptível que o espaço era bem maior do que efetivamente o escritório necessitava. Até dava a entender, ao menos para mim, que toda aquela estrutura era excessiva. Talvez fosse necessária certa demonstração de riqueza, muito embora fosse possível perceber que Jim era realmente rico. E acho que fazia questão de demonstrar isso.

Estávamos conversando em frente ao balcão de granito, quando perguntei:

— E a Erin Brockovich? Ela trabalha aqui?

Como falei em um inglês inteligível, Jim entendeu e respondeu:

— Sim, ela está gripada hoje. Aliás, já está com essa gripe há alguns dias. Ela lamenta não estar aqui para conhecê-los.

Vívian falou:

— Que pena! Queria muito conhecê-la.

E reforcei:

— Eu também!

Vívian indagou:

— Mas ela ainda trabalha com vocês? Até imaginei que, com a conclusão daquela indenização, ela tinha largado o trabalho.

Jim deu um sorriso um pouco sem jeito e falou:

— Bem, Erin ficou rica. Claro que não atua mais da maneira que atuava antes. Quer aproveitar mais a vida, viajar, namorar...

Vívian continuou:

— Ela se casou após a indenização, pois, na época, ela era mãe, mas estava solteira, certo? Até porque o pai das crianças os havia abandonado.

Jim não parecia se importar em falar sobre Erin. Parecia que a fama de Erin o deixava fascinado e, assim, não se furtava em falar dela.

— Bem, se querem saber, ela está no quinto casamento. E, como falei, ela quer aproveitar a vida, o dinheiro, comprar coisas boas...

E querendo mudar de assunto, falou:

— Vejam, são cinco da tarde. Aqui, nos Estados Unidos, jantamos cedo. Então, sugiro que vocês se dirijam para o hotel e descansem. Às sete da noite, passarei para pegá-los. Daí, vamos jantar e passear, OK?

Após a tradução de Vívian, respondi:

— OK, Jim.

E Jim orientou que Susan providenciasse nosso transporte para o hotel.

Entramos no táxi que veio nos buscar; o conhecido e charmoso *yellow taxi*. Sentamo-nos, Vívian e eu, no banco de trás. Pensei: "Que dia memorável!". Se a vida havia sido injusta comigo, agora parecia que ia começar a sorrir para mim. Estava realizado!

Olhei para Vívian, mas ela não percebeu que eu a estava observando. Vi o brilho no seu olhar! Era como se estivéssemos vivendo uma aventura, uma doce e glamorosa aventura – pelo menos até ali.

Às dezenove horas, estávamos no saguão. Em seguida, a BMW de Jim estacionou na frente do hotel. Ele estava com mais um amigo, Steve, que – depois fui saber – era quem cuidava da parte administrativa e financeira do escritório.

Cumprimentamo-nos, os quatro. Todos estavam felizes. Jim era o típico estadunidense, de pele clara e olhos azuis. Era um homem de bom humor, baixinho e gordinho (digo isso sem preconceitos). Sua companhia era agradável. Já Steve era bem mais recatado, sorria mais do que falava.

Após Jim mostrar um pouco da cidade de Los Angeles, inclusive, o bar Nineteen 12, no Beverly Hills Hotel, onde foram filmadas cenas do filme *Uma linda mulher*, chegamos ao restaurante.

Era um local especializado em frutos do mar e com vista para o mar. Superelegante. O nome era The Lobster, no píer de Santa Mônica. Diria que era o típico restaurante para quem tem "bala na agulha". De imediato, vimos muitas pessoas aguardando por uma mesa. Contudo, Jim foi chegando e já ofereceu uma nota de cem dólares para o garçom. Foi o bastante para, em cinco minutos, passarmos à frente dos demais. Pegamos uma mesa com uma vista maravilhosa. E tivemos uma noite espetacular, saboreando ostras e camarões, bem como um excelente vinho californiano *rosé*.

Já me sentia à vontade com Jim. Igualmente, Vívian se soltava e sorria; demonstrava estar gostando de tudo. Após o banquete, Jim nos levou para conhecer o teatro em que ocorre a entrega do Oscar. Era suntuoso. Também dirigiu pelas avenidas famosas de L.A. e, para a nossa surpresa, até uma lanchonete típica e tradicional dos Estados Unidos.

Nem acreditei quando ele entrou no estacionamento da *In N Out*, uma conhecida e tradicional lanchonete da Califórnia, segundo o relato de Jim. Comer lagosta, camarão e ostras, e, depois, "traçar" um hambúrguer, francamente...

Mesmo assim, ele pediu um hambúrguer para cada um. Vívian conseguiu escapar, pois não come carne vermelha. Aliás, desde pequena. Traumas de infância, segundo ela. Quanto a mim, não tive essa chance; acabei comendo aquele hambúrguer. Não tive forças para recusar!

Realmente, era muito saboroso; a carne tinha gosto de churrasco. Mas estava difícil saboreá-lo, de fato, após aquele jantar sofisticado. No entanto, Jim devorou o seu hambúrguer como se fosse o seu primeiro alimento do dia.

Retornamos ao hotel com o compromisso de estarmos disponíveis às nove horas do dia seguinte para tomarmos um café da manhã em um local na beira da praia. Subimos cada um para o seu quarto. Estávamos exaustos! Ambos precisávamos de uma cama. Cada um na sua, é claro.

No dia seguinte, descemos quase juntos, com cara de quem havia dormido bem, mas precisava de um pouco mais. O fuso horário de Los Angeles é de seis horas; após certo tempo, essa diferença começa a pesar.

Jim chegou e nos levou pela beira-mar até um local de café da manhã, estilo *country*, em Malibu. Sentamos à mesa, próximo a uma janela com vista para o mar. Não era um lugar sofisticado, mas, sim, característico do estilo estadunidense, inclusive, em relação à culinária do *breakfast*. Vieram ovos mexidos, bacon, pães, panquecas e *waffles*. Aliás, Vívian adora esses *waffles*.

Desta vez, conversamos sobre estratégia jurídica, mais especificamente em relação ao caso do acidente. Jim comentou sobre algumas famílias que eram seus clientes, seus dramas e, em alguns casos, aprofundou-se no perfil da vítima.

Ele falou sobre um fato que me deixou muito impressionado. Relatou que, periodicamente, as famílias se reuniam durante um fim de semana inteiro, dentro do salão de convenções de um hotel, perto do aeroporto de Congonhas, em São Paulo. Segundo ele, as famílias iam lá a fim de tratar dos mais variados assuntos relativos ao acidente.

Perguntei mais detalhes sobre essa reunião; e tudo era traduzido pela Vívian. Jim posicionou-se na cadeira e, tomando um ar de bastante seriedade, começou a explicar:

— Participei de três das quatro reuniões que já aconteceram. George também. Foi algo muito forte para mim o que ocorreu naqueles finais de semana. As pessoas e os familiares compareciam unidas nas reuniões, carregando fotos e cartazes, e vestindo camisas estampadas com fotos de seu familiar falecido no acidente. Elas choravam, revoltavam-se e dividiam seus problemas. Formaram uma associação de familiares e estão se organizando.

Vívian interrompeu-o para perguntar:

— E compareceram todos os familiares das vítimas do voo?

Jim, ainda com seu olhar sério – que eu não tinha conhecido até começo daquela conversa –, falou:

— Bem, Vívian, podem não ser todos, mas uma boa parte das famílias vai lá, sim.

Foi quando perguntei:

— E quem financia isso? Eles tiram do bolso?

— Não, Eduardo. A companhia aérea está pagando tudo. As viagens aéreas, as diárias de hotel, refeições, etc.

Espantei-me com aquela informação:

— Mas deve ser uma fortuna cada reunião, hein? – questionei.

Jim respondeu:

— É, mas a companhia tem seguro. Acho que é a seguradora que está arcando com tudo.

Como a tradução era de Vívian, que não era profissional, demorava um pouco mais. Mas até que eu já estava entendendo melhor.

Jim retomou:

— Os outros advogados, nossos parceiros, estão sempre lá. E quero que vocês também participem, é claro. Afinal, é lá que estão os clientes para captarmos para a nossa ação aqui. Entenderam?

Tanto eu como Vívian ainda estávamos assimilando aquele mar de novidades, e foi Vívian que respondeu:

— *Yes.*

Jim finalizou:

— Agora, vamos visitar nossas casas! George está nos esperando.

Olhei para Vívian e falei, baixinho, enquanto Jim se levantava para ir pagar a conta:

— Vamos mesmo nas casas deles? Achei que a Silvia estava exagerando.

Vívian também se mostrou surpresa.

Fomos no carro de Jim. Conforme dirigia pela costa de Los Angeles, ele apontava para tudo o que era relevante, como um guia turístico.

No caminho, conhecemos uma universidade que ficava em um morro com vista para a praia. Fiquei pensando como seria assistir a uma aula lá, ou não assistir e ir tomar um banho de mar. Como demonstramos interesse, Jim nos levou para conhecer as dependências da instituição. Foi muito legal.

Vívian mostrou-se muito interessada em cursar alguma faculdade lá. Afinal, ela sabia inglês perfeitamente. Chegou a comentar comigo que não se importaria em se mudar para lá.

Fiquei surpreso com essa declaração de Vívian. Era claro que ela admirava os Estados Unidos e sua civilização. Confesso que, mesmo antes daquela viagem, também sempre me interessei pelo país.

Após quase uma hora conhecendo a universidade, fomos direto para a casa de George – quero dizer, casa, não, mansão! Era um palácio de dois andares muito bonito, com ar imponente. Uma senhora muito educada e fina abriu a majestosa porta de madeira e, com um sorriso simpático, falou:

— Sejam bem-vindos. Entrem e sintam-se em casa.

Jim fez menção com o braço para que Vívian e eu adentrássemos a mansão. Quando entrei, a primeira coisa que vi foi a sala de estar com uma imensa árvore de Natal. Ao seu redor, havia um presépio e também uma longa estrada de ferro por onde uma locomotiva percorria o trajeto. Era espantoso o tamanho daquele ambiente!

Virei-me para Vívian, com olhar de surpresa, e falei:

— Que fantástico! Eles gostam mesmo de Natal! Estamos no início de novembro ainda.

E Vívian comentou:

— Puxa, mas é lindo. Adorei!

Aos poucos, fomos conhecendo as dependências da casa.

Havia uma cozinha enorme, exatamente como retratam os filmes estadunidenses. O ambiente era dividido por um grande balcão, com cinco bancos do lado de fora e dois bancos do lado que tem o forno. Era muito moderna, com o que havia de melhor em eletrodomésticos.

Subimos as escadas, onde ficavam os dormitórios. Vimos cinco suítes enormes. George estava em um cômodo imenso, que era seu escritório, acomodado em uma espécie de *chaise-longue*. Ele estava de repouso, pois estava se restabelecendo de uma cirurgia. Quando entramos, ele estava assistindo a algo na televisão; apertou o botão de pausa e levantou-se para nos cumprimentar.

Era um homem com um trato mais fino do que o de Jim. Beijou-me no rosto, como Jim já havia feito anteriormente, e também abraçou Vívian afetuosamente.

Pediu que nos sentássemos em belas e confortáveis poltronas que estavam naquele escritório adaptado, digamos assim. Fez aquelas colocações de praxe, isto é, de como havia sido a viagem, se estávamos bem acomodados no hotel e também indagou se estávamos gostando de Los Angeles.

Após o nosso aceno afirmativo, George falou:

— Quero que vejam este filme que produzimos.

Vívian perguntou:

— *Movie*?

George levantou a cabeça para dizer:

— Este é um caso de uma mulher que ficou tetraplégica após sofrer um acidente numa montanha-russa da Disney. A família é composta por ela, o marido e os três filhos. Ela trabalhava em uma firma de engenharia e também cuidava do lar. Hoje, o marido troca suas fraldas, e ela vive quase como um vegetal. A família está destruída emocional e economicamente. Resolvemos filmar o drama da família para mostrar na ação.

George, então, voltou ao início o DVD ao qual estava assistindo quando adentramos no escritório.

No começo do vídeo, aparecia a família como era antes. O casal e três filhos: uma menina de dez anos, outra menina de treze e um menino de quinze, fazendo churrasco e jogando futebol americano em um parque ao ar livre. Todos rindo, divertindo-se. Em seguida, aparecia a montanha-russa do parque de diversões e, logo após, a situação atual da família. Inclusive, o marido trocando as fraldas da mulher. Fiquei muito chocado. Aliás, Vívian e eu fomos às lágrimas. Ainda teve o depoimento das crianças... Nunca me esquecerei daquele filme!

Quando acabou, George falou:

— O que acharam?

Vívian respondeu em inglês, aqui já traduzido para o português:

— Muito chocante!

Também fiz sinal com a cabeça.

George continuou:

— Esperamos entrar com o processo em quinze dias. Vou mostrar para a família e pegar sua autorização.

Em seguida, ele franziu a testa e falou, com a voz pesada:

— Estive, pessoalmente, na casa dessa família. É tudo muito dramático! As crianças estão sofrendo demais!

Então, George emocionou-se. Sua voz parou de sair e seus olhos encheram-se de lágrimas. Vívian e eu também ficamos com os olhos marejados. Após alguns instantes, George retomou a fala:

— Espero que este vídeo cause impacto na outra parte e possamos fazer um acordo, muito embora eu tenha a convicção de que, se for a júri, o valor será extremamente pesado para o parque!

Após isso, George falou sobre o acidente da TAM:

— Acho que vocês vão ter muito sucesso neste trabalho. O fato de vocês serem um casal vai ajudá-los. Um fará o contraponto do outro. Eduardo pode agir de maneira mais dura e Vívian fica na parte mais sensível. Acho... não sei.

Mal sabia ele que eu choro mais do que ela. E, já que ele estava falando do acidente, perguntei-lhe:

— E sobre as reuniões dos familiares? Jim comentou conosco que acontece um monte de coisas por lá.

Vívian traduziu e George respondeu:

— É lá que vocês vão atuar bastante! As famílias se reúnem para debater os problemas comuns que elas têm. Cabe a vocês se comunicarem com elas. Essas pessoas precisam de nós!

Com solenidade, George fez questão de entonar a voz, como se estivesse fazendo um comunicado:

— Vamos ajudar essas famílias! O melhor para essas pessoas é ficar conosco, entrar para o nosso time! Nenhuma opção será melhor para as famílias do que entrar com o processo aqui! Você sabe, Eduardo, que a Justiça no Brasil é muito lenta! Quanto tempo vai levar uma ação movida no seu país?

George fitava-me com um olhar interrogatório. Então, respondi:

— Com certeza, um processo desses vai levar uma vida!

— É isso que você e Vívian têm que explicar para as famílias. E mais, o valor da indenização aqui é bem mais alto! Aqui, as indenizações giram em torno de milhões de dólares. Você vai ver lá em Miami, no escritório Podhurst, alguns processos que eles têm lá.

CAPÍTULO 8

MIAMI

JÁ ERA QUASE noite quando saímos da casa de George. Jim nos levou ao hotel para pegarmos as malas e fomos para o aeroporto de Los Angeles. Durante o caminho, Jim colocou para tocar músicas de Michael Bublé, do qual se declarou um fã, e ficamos conversando no carro sobre amenidades.

Ao chegarmos lá, Vívian e eu nos despedimos de Jim. Pegamos o voo para Miami, onde visitaríamos o Podhurst Orseck, o outro escritório que, em parceria com o Masry & Vititoe, fazia parte da operação jurídica estadunidense do acidente aéreo da TAM. Durante o voo, comentamos acerca de tudo o que havia ocorrido no incrível encontro com Jim e George, e tudo o que os cercava. Fizemos uma viagem maravilhosa, embora estivéssemos cansados.

Agora, era outro mundo desconhecido por nós que nos esperava. Miami!

Após desembarcarmos, dirigimo-nos ao endereço designado para nossas instalações. Chegando lá, fiquei analisando aquele hotel pequeno, com aparência de velho. Olhei para Vívian, que, assim que observou o hotel, fez uma cara de quem "comeu e não gostou".

Atrevi-me e disse-lhe:

— Parece ruim este hotel, hein, Vívian?

— Eduardo, já que você falou, não tem uma boa aparência mesmo!

Respirei fundo e falei:

— Quem sabe vamos ver outro melhor? Afinal, são apenas dois dias. E ainda vai "pegar bem" para nós. Dispensamos o hotel deles e encaramos um hotel melhor, bancado por nós!

Vívian ficou pensativa, mas logo respondeu:

— Acho que você tem razão, Eduardo. Se você acha... eu concordo.

Dei um olhar decidido e falei:

— Quer saber? Vamos procurar um hotel melhor, em South Beach. Veja aí, Vívian, no Google, os hotéis que ficam na praia.

Vívian, sorridente, respondeu:

— É para já.

Passados alguns minutos, Vívian já havia escolhido o hotel. O Loews era maravilhoso! Tinha um amplo *hall* de entrada e a imensa piscina chegava até a beira da praia. Ao lado da piscina, havia umas tendas árabes, muito confortáveis. Eu não estava com essa "bola" toda em termos de dinheiro, mas percebi que o caso exigia certo investimento.

Eram nove horas da manhã quando chegamos ao hotel. Não tivemos dúvidas em deixar as malas no quarto e descer para aproveitar algumas horas, já que nossa visita ao escritório estava marcada às dezesseis horas. Estava um dia lindo, ensolarado, e decidimos ir até a praia. Contudo, a água do mar estava tão fria que não conseguimos nos banhar. Caminhamos pela beira do mar e, depois, fomos para a piscina curtir um pouco mais daquele momento único.

Às quinze e quarenta, horário exato para sairmos do hotel e chegarmos a tempo ao escritório, Vívian e eu pegamos um táxi em direção ao Podhurst Orseck.

O escritório ficava na parte antiga de Miami; um cenário composto por prédios antigos, com certo ar de nostalgia.

Ao adentrarmos, vimos que o escritório ocupava um andar inteiro de um prédio de cerca de doze andares. Fomos recebidos pelos advogados dr. Ricardo – cubano, que trabalhava nos Estados Unidos há um tempo e que falava português muito bem – e seu colega, Alan.

Conhecemos as instalações do escritório e achei curioso que, na cozinha do escritório (um refeitório, digamos assim), havia uma máquina enorme de fazer pipoca. No intervalo, os funcionários podiam comer pipoca (e havia muita), além de ter à disposição uma geladeira lotada de Coca-Cola. Era um ambiente descontraído, com ar jovial e alto astral. Logo pensei: "Vou adotar no Brasil essa ideia da pipoca e tudo o mais".

Também folheei alguns processos de indenização que o Ricardo me permitiu ver. Que inveja! Eram processos concluídos e que, em sua maioria, não tinham duzentas páginas! Todos acabavam em acordo!

Ricardo explicou-me que, no *common law* – sistema judicial estadunidense (o nosso é o *civil law*) –, praticamente todos os processos se encerram em acordo. O processo dificilmente demora mais de um ano. Dois anos é o máximo que se admite! Contou-me também que, em virtude de as empresas terem seguro, há uma garantia do pagamento da indenização.

Pensei comigo: "No Brasil, mesmo no Rio Grande do Sul, o Judiciário está cheio de processos contra seguradoras, que simplesmente não pagam! Mesmo com a evidente obrigação prevista em contrato, elas não pagam o sinistro, e o segurado, ou mesmo a outra parte, tem de acionar judicialmente a seguradora para compeli-la a cumprir sua parte. Nos Estados Unidos, essa hipótese não tem a menor chance de ocorrer! E sabe por quê? O sistema pune. A sociedade se encarrega de retirar a empresa descumpridora de sua obrigação do mercado!".

Mas, voltando para o escritório estadunidense, Ricardo contou-me alguns casos interessantes. Um que me marcou foi o de um pastor que tinha cerca de dois mil fiéis na sua Igreja (nos Estados Unidos, é comum essa situação).

O pastor estava sobrevoando o deserto do Texas em um pequeno jatinho, quando a aeronave sofreu uma pane e acabou caindo, vindo a falecer o pastor e os demais, ou seja, a tripulação e mais um passageiro (se estou bem lembrado). Pois bem, esse processo não demorou um ano para ser finalizado! Foi feito um acordo com a seguradora da aeronave, e os familiares do pastor, que eram representados pelo escritório, na pessoa do próprio Ricardo, receberam dez milhões de dólares (são muitos zeros!). Não posso revelar o percentual de honorários de Ricardo, ou do seu escritório, mas asseguro que Ricardo, jovem advogado na época, no começo de sua carreira, já garantiu a segurança de sua família por vários anos!

Aliás, nos Estados Unidos, não tem advogado pobre. Todos são bem-sucedidos. E por quê? A cultura do acordo é fundamental. A mentalidade das pessoas é diferente porque a Justiça é diferente. Nos Estados Unidos, as pessoas e as empresas, na pessoa de seus dirigentes, têm medo do que pode advir da condenação na Justiça.

Vamos imaginar o caso de um acidente de avião ocorrido nos Estados Unidos. Primeiramente, a empresa aérea já tem medo do valor altíssimo que as condenações nos Estados Unidos costumam atribuir às empresas causadoras do acidente. Também pesa, e muito, o fato de que, no primeiro grau, é bem possível que o caso seja julgado por um júri popular. Sim, pessoas comuns, do povo, que, invariavelmente, são sensíveis aos dramas de suas vítimas.

O sistema de *common law*, anglo-saxão, existe em países de língua inglesa, como Reino Unido, Estados Unidos, Nova Zelândia, Austrália, África do Sul e Canadá, e também em ex-colônias de língua inglesa, como Índia, Malásia, Brunei, Paquistão, Singapura e Hong Kong. Esse sistema jurídico baseia-se na jurisprudência, na repetição de casos.

Já o *civil law*, adotado no Brasil, é originário da cultura romano-germânica, que preconiza a adoção do sistema baseado na codificação em atos legislativos.

O *common law* baseia-se em casos análogos e, então, vincula a decisão do processo com exceções; e aí ocorre uma diferença muito latente. Assim, a decisão judicial vem com mais velocidade.

Além disso, o *common law* é muito menos formal. Não requer o relato de testemunhas em foro, em sala de audiências, como é no Brasil e no sistema de *civil law*, cheio de formalidades e ritos, que acabam atrasando o ato processual. A escuta de testemunhas pode se dar no escritório de advocacia, desde que com a presença do serventuário da Justiça que está representando o juiz e que, portanto, dá fé pública ao ato.

Aliás, foi assim que ocorreu nos processos das famílias das vítimas do voo da TAM que depuseram nos Estados Unidos. As testemunhas foram ouvidas no escritório estadunidense de Miami: os familiares, outras testemunhas, sempre com a presença de um serventuário da Justiça, que digitava o que se passava.

Esse ato, realizado em escritório de advocacia com a presença de um escrivão, economizou um tempo impressionante (de anos) em relação à Justiça brasileira. O ato foi rico em seu conteúdo, mesmo sendo realizado desse modo mais informal e ágil.

Durante o restinho da tarde até às nove horas da noite, ficamos papeando e conhecendo mais sobre o sistema jurídico estadunidense. Então, Ricardo nos convidou para jantar. Fomos a um restaurante tradicional, especializado em frutos do mar, no qual conversamos longamente sobre a estratégia do processo que envolveria as famílias.

Vívian e eu ficamos satisfeitos com o que ouvimos e vimos no escritório de Miami, bem como em relação a Los Angeles. A sociedade com os advogados estadunidenses estava concretizada.

No dia seguinte, pela manhã, embarcamos de volta para o Brasil, com o sentimento de que estávamos começando uma jornada de trabalho sem precedentes! E estávamos convictos de que a Justiça estadunidense era o melhor caminho.

CAPÍTULO 9

DE VOLTA AO BRASIL

CHEGAMOS A PORTO Alegre no sábado à noite. Estávamos animados em virtude do desafio que seria o maior de nossas vidas, mas exaustos. Ao mesmo tempo em que o corpo acusava cansaço, a mente não parava de pensar.

Apesar de sabermos que ficaríamos muito mais cansados, Vívian e eu não queríamos perder o Congresso do IBDFAM (Instituto Brasileiro de Direito de Família), que agrega cerca de mil pessoas e que, naquele ano, aconteceria em Belo Horizonte e começaria após quatro dias da nossa volta ao Brasil.

Assim, viajamos novamente juntos, após quatro dias de retornar de Miami.

Chegando a Belo Horizonte, resolvemos deixar as malas no hotel e sair para jantar. Na verdade, fomos a um barzinho, com mesas na rua, em um bairro tradicional da noite da cidade.

Vívian e eu sentamo-nos e fitamo-nos. Falei:

— Vívian, você acredita no que estamos vivendo?

Ela respondeu:

— É incrível, sim! E pensar que, há alguns dias, nem trabalhando eu estava...

— Esta encarnação está demais! (Não sei o que "baixou" em mim para usar esse termo, mas usei.)

Vívian riu e disse:

— Está boa esta...

E passamos a noite conversando sobre o passado de nossas vidas, o presente com a viagem aos Estados Unidos e o futuro que nos instigava a imaginar o que seria exatamente aquele trabalho.

Viajaríamos pelo Brasil para captar clientes para nossa causa? As reuniões da associação das famílias das vítimas seriam o palco para interagirmos com elas? E, avistando tantas viagens, o que seria do meu escritório? Será que não perderia clientes?

Eu estava tão excitado com tudo aquilo que não podia pensar em dormir. Todavia, o congresso, que havia começado naquele dia em que chegamos, teria seu principal evento na manhã seguinte. Então, pensando nisso, fomos dormir.

No outro dia, cedo, após um café, fomos ao hotel Ouro Minas, no qual ocorria o congresso. Logo, nossos colegas da pós-graduação perceberam que estávamos juntos. Fizeram algumas piadinhas, mas todas no bom sentido, é claro.

Vívian e eu assistimos às palestras de quinta e sexta-feira, que eram os dias mais relevantes do congresso, e conversamos com todos – e eram muitos colegas e amigos.

Nesse cenário, sentíamo-nos contagiados pela intensidade do que estávamos vivendo. O nosso assunto profissional era a questão indenizatória do acidente da TAM. E, no âmbito pessoal, as nossas vidas já haviam misturado as nossas emoções. Era impossível impedir aqueles sentimentos! Foi em Belo Horizonte que percebi que disfarçar isso seria uma burrice imensa; não tem como esconder o amor! Esse é o sentimento mais profundo e forte do ser humano, e não há maneiras de ir contra a sua força!

Então, a partir desse congresso, em Minas Gerais, nos assumimos como casal. O lado bom do nosso relacionamento é que aconteceu de maneira natural. Nenhum dos dois forçou a barra. Começamos como colegas de pós-graduação; depois, passamos para amigos; depois, colegas de trabalho; e, por fim, adquirimos a personalidade de casal.

Com essa harmonia contagiante, voltamos a Porto Alegre, após quase vinte dias corridos viajando juntos. Naquele momento, cada um foi para sua casa e nos despedimos temporariamente. Era sábado à tardinha e, na segunda-feira, às dez horas, deveríamos ir ao meu escritório, a fim de fazer as devidas apresentações ao Tarcísio e à Marlene, bem como dar seguimento à nossa jornada.

Confesso que, durante o restinho do sábado e no domingo, senti demais a ausência de Vívian. Estávamos muito unidos, em todos os sentidos.

A rotina daquele fim de semana foi diferente. Arrumei as coisas da viagem, afinal, tinha ficado praticamente vinte dias fora de casa e do escritório. Senti-me muito motivado, pois estavam acontecendo muitas coisas ao mesmo tempo. Coisas boas.

Um grande caso de Direito, uma história de amor; uma vida nova se apresentava para mim. Era uma sensação inédita e que, consequentemente, me fazia sonhar com a esperança de uma vida melhor para mim, já que tudo era novo. Sentia-me com muita vontade de fazer com que tudo desse certo, tanto a ação da TAM quanto o meu recente relacionamento.

CAPÍTULO 10

ENTROSAMENTO

NA SEGUNDA-FEIRA, POR volta das nove da manhã, cheguei ao escritório. Marlene e Tarcísio estavam na copinha – como chamávamos onde fica o café, a água e demais itens de cozinha –, conversando animadamente. Às segundas-feiras, o bate-papo costumava ser intenso.

Quando cheguei, Marlene saiu na frente dizendo:

— Dr. Eduardo, há quanto tempo! Estava com saudades.

Tarcísio interveio:

— Puxa, Eduardo, que bom te ver! Estamos ansiosos para saber notícias suas! Já sabemos de algumas novidades.

Resolvi levar os dois, Marlene e Tarcísio, para a minha sala. E, com um café "em taça grande" (acabei adotando o hábito estadunidense de tomar café naquelas canecas) e água mineral, comecei a contar tudo o que havia acontecido durante a viagem. Realmente, havia uma imensa quantidade de informações para contar aos meus colegas. Foi mais de uma hora de relatos.

Percebi que ficaram bem impressionados com o que contei. Os escritórios estadunidenses e a parceria que firmei com eles surtiram um efeito impactante, ainda mais quando lhes informei que viajaria, com Vívian, pelo Brasil afora.

Quando estava encerrando minha história, tocou a campainha. Imaginei que seria Vívian, e não deu outra. Marlene foi abrir a porta e retornou com ela. Vívian, com sua beleza e elegância que encantavam, entrou na copinha. Apresentei-a à Marlene e ao Tarcísio. De imediato, os três começaram a conversar sem nenhuma timidez ou vergonha. Fiquei observando, feliz da vida! Perceber que meus colegas de escritório estavam entrosados e contentes foi ótimo!

Aproveitando a presença de todos, iniciei uma reunião de trabalho. Informei-lhes sobre os planos de abordagem das famílias vítimas do voo da TAM e que as viagens seriam inúmeras. Logo, minha ausência do escritório seria também inevitável.

Os processos em andamento, eu deixaria mais nas mãos de Tarcísio. E foi para ele que, na frente dos outros, pedi sua máxima concentração e atenção, pois, na minha ausência, ele seria eu.

— Durante esses quase três anos que você está aqui, nunca falei o que vou lhe dizer agora. Estou diante de um enorme desafio! Resolvi topar essa parceria com o escritório norte-americano e vou confessar para vocês que estou muito preocupado com a situação do dia a dia no escritório. Vou sair Brasil afora, viajando atrás de familiares de vítimas, e só Deus sabe o que me aguarda. É um mistério o que vai acontecer. Às vezes, acho que fiquei louco... Os processos e os clientes daqui são os que pagam as minhas contas. É claro que vocês, Tarcísio e Marlene, já têm conhecimento, e o Tarcísio na parte jurídica. Mas vocês sabem como sou estressado com os prazos e tudo o mais... Em resumo, preciso de vocês como nunca!

A resposta de Marlene veio primeiro:

— Pode ficar tranquilo, dr. Eduardo, que estarei atenta por aqui.

Depois, Tarcísio:

— Estou ciente do que significa para o escritório a boa manutenção dos processos. E vou cuidar disso como nunca! Pode estar certo disso.

Após essa conversa, senti-me um pouco mais aliviado em relação ao peso de ter que deixar de lado o escritório durante as viagens. Claro que a preocupação não foi embora, mas, de certa maneira, senti-me amparado por Marlene e Tarcísio.

Eu gostava deles como pessoas também.

Marlene era de origem bem humilde, veio trabalhar por meio de um anúncio no jornal. Aliás, havia mais candidatos para a vaga (de secretária), inclusive, estagiárias de Direito. Nunca esqueço que Marlene veio com uma calça que estava com a bainha por fazer. Ela ficou constrangida e lhe ofereci um clipe como auxílio. Ela o pegou e o colocou na calça. Outra candidata, que estava na sala de espera, viu e caçoou dela.

Naquele momento, resolvi escolher Marlene! Para mim, ela demonstrou determinação, confiança e muita humildade. Gostei dela e de sua atitude, e ela me transmitiu uma energia muito positiva. Marlene era bem jovem, tinha 26 anos, queria subir na vida e, principalmente, era bem interessada em aprender. Tinha bom humor, além de uma força de vontade incomparável.

Já Tarcísio foi indicação de uma amiga. Ele também possuía qualidades que eu apreciava, além de ser um advogado com um razoável conhecimento. Tarcísio era casado e tinha um filho; era preocupado com sua família.

Juntando-se a eles, estava Vívian. Ela era inteligente e muito perspicaz. Faltava-lhe adquirir mais experiência, e o trabalho da TAM seria fundamental em sua carreira.

Pois bem, aquela segunda-feira transcorreu com bastante trabalho e com o pessoal no escritório se entrosando. Eu estava envolvido com os processos e as questões dos clientes, que não eram poucos.

Na terça-feira pela manhã, eram cerca de dez horas quando Marlene me passou a ligação de Silvia, do escritório estadunidense Masry & Vititoe.

Com uma voz agradável, Silvia falou:

— Bom dia, dr. Eduardo.

Ao que respondi:

— Bom dia, Silvia. Mas retire, por favor, o doutor. Não temos necessidade de ter formalidades.

Aquela colocação caiu bem.

— Que ótimo, Eduardo. Também prefiro – e Silvia foi adiante. — Veja, no próximo fim de semana, Vívian e você irão a São Paulo, para participar do encontro da Afavitam.

Falei, com surpresa:

— É mesmo?! Não sabia que seria já neste fim de semana!

Silvia respondeu:

— Aliás, as reuniões estão acontecendo em um fim de semana sim e outro não, ou seja, a cada quinze dias. Pelo que sei, os encontros estão bem movimentados, com muitos assuntos em debate.

Falei:

— Como você sabe, estou chegando agora. Não sei nada do que se passa por lá! Você poderia nos dar algumas orientações ou, até mesmo, informações sobre o que acontece nessas reuniões?

Silvia, muito prestativa, explicou:

— Nunca participei também. Moro em Nova York e faço tudo daqui.

— Ah, sim, agora me lembro de que me contou isso, e o George me informou também – respondi.

Silvia continuou:

— De acordo com o que me foi passado pela advogada e por alguns clientes, existem muitas questões polêmicas que ensejam debates acalorados. Muita emoção! É um clima tenso, de muita dor emocional. Os familiares choram a toda hora e a revolta pelo que aconteceu é muito intensa! Existem muitos assuntos a serem debatidos. Além das indenizações, existe o inquérito policial para apurar o(s) culpado(s), que é um assunto pelo qual eles têm obsessão. E com razão, diga-se de passagem.

— Eu também teria a mesma fixação se tivesse perdido uma pessoa ligada a mim – falei. — Deus me livre!

Silvia continuou:

— E há outros assuntos, como o tratamento psicológico de que eles precisam, o fato de quererem que a TAM siga pagando os encontros e tantas outras situações que os afligem.

Refleti por alguns segundos sobre o que seria a reunião e falei:

— Silvia, realmente deve ser uma reunião com um clima muito pesado e também com muitas situações dramáticas...

Silvia interrompeu e disse:

— Bem, Eduardo, Vívian e você irão às quatorze e trinta, na sexta-feira, e retornarão na segunda, ao meio-dia. Ficarão no mesmo hotel da reunião. Em seguida, estará tudo no seu *e-mail*. Qualquer dúvida, me chame. Boa viagem e boa sorte!

Finalizei:

— Obrigado, Silvia.

CAPÍTULO 11

REUNIÃO DA AFAVITAM

ENFIM, A SEXTA-FEIRA chegou.

Lá estávamos Vívian e eu embarcando para São Paulo, com a finalidade de enfrentar uma nova fase de nossas vidas. Disso, eu tinha convicção!

Pegamos um táxi no aeroporto de Congonhas e fomos direto para o hotel em que a Afavitam se reunia. Era final de novembro de 2007 e, desde o acidente, a Afavitam estava se reunindo pela quarta ou quinta vez.

Já eram umas dezessete horas quando subimos e deixamos as malas no quarto. Tomados pela ansiedade em ver o que aconteceria no hotel, descemos e perguntamos na recepção onde seria a reunião no dia seguinte. A recepcionista indicou que o local ficava à esquerda da entrada do hotel. Era um longo corredor e, no meio, à esquerda, havia uma imensa porta para um grande salão de convenções.

Vívian e eu abrimos a porta e vimos umas trezentas cadeiras já posicionadas; na frente, um cenário que indicava que haveria um ou mais palestrantes ou algo parecido. Fiquei imaginando o que se passaria no dia seguinte.

Saímos dali, fomos ao *shopping* e, depois, retornamos ao hotel. Demoramos para dormir, pois estávamos na expectativa do encontro na manhã seguinte.

Às oito da manhã, quando já estávamos tomando café da manhã, vimos uma grande quantidade de pessoas usando camisetas brancas (gola redonda e manga curta) com fotos estampadas das vítimas que faleceram no acidente. Acima da foto, havia sempre alguma frase, como "minha filha amada e o nome da vítima".

Era bem emblemático! Mais de cem pessoas, entre homens, mulheres, crianças, jovens e velhos, circulavam no salão do café da manhã com as camisetas. Poucos não a vestiam; dentre eles, é claro, Vívian e eu.

Ao sairmos do restaurante, já percebemos grande movimentação no *hall* do hotel e na entrada do setor próximo à reunião. Havia umas quatro mesas, lado a lado, com uma pessoa em cada, para cadastrar os que ingressavam no encontro. Tudo muito organizado.

Vívian e eu nos cadastramos como advogados. Tivemos que informar, detalhadamente, o nome da vítima e dos familiares de quem tínhamos procuração. Recebemos o respectivo crachá e nos dirigimos ao salão da reunião.

No corredor, foi impactante! Ambas as paredes estavam preenchidas com inúmeras fotos, cartazes, frases e imagens vinculadas às vítimas e ao acidente.

Quando chegamos ao auditório, dobrando à esquerda no corredor e abrindo uma porta grande – diante da qual havia um segurança e uma pessoa com camiseta branca controlando o acesso –, tivemos uma grande surpresa. No espaço lateral, tanto direito quanto esquerdo, nas paredes largas do auditório, havia, além de cartazes colados, cavaletes com fotos e cartazes das vítimas e de seus familiares. Era realmente um cenário de muita emoção!

As pessoas choravam em diversos momentos. Abraçavam-se umas às outras, solidarizando-se na dor. Ficamos com o coração partido.

O evento era todo organizado pela Afavitam, associação que tinha diretoria constituída pelo seu presidente e por mais quatro diretores, cujos trabalhos eram comandados por meio de seu presidente. Toda a diretoria era composta por familiares que perderam seus entes queridos no acidente.

Havia uma pauta elaborada com antecedência, que era distribuída no início do evento para os participantes. Os temas daquele fim de semana eram bem diversificados. Havia assuntos ligados ao inquérito policial – que despertava grande interesse nos familiares (com toda a razão) e serviu para apurar as causas do acidente e seus culpados –, atendimento psicológico aos familiares, questões junto ao INSS (Instituto Nacional do Seguro Social), dentre outros.

Tudo isso transcorria entre crises de choro, abraços emotivos e comentários nostálgicos, por vezes, com raiva do destino – ou melhor, raiva dos possíveis culpados da tragédia. Era difícil se conter diante do que se via naquele imenso salão!

Ao meio-dia, os trabalhos foram interrompidos para o almoço, com previsão de retorno às quatorze horas. Era uma multidão saindo do salão em direção ao fim do corredor, que desembocava no *hall* do hotel e, em seguida, chegava ao local do almoço, que era o mesmo do café da manhã.

Nesse horário e trajeto, começamos, Vívian e eu, a conversar com as pessoas. Começamos efetivamente a nos ambientar com os familiares e nos tornar conhecidos.

Vívian estava enturmada com algumas senhoras que contavam quem eram seus parentes mortos e sobre a vida deles. Eu estava falando com várias pessoas, disposto a observar tudo o que acontecia ao meu redor, a fim de entender um pouco mais do que realmente se passava.

Sentamo-nos a uma mesa com outras pessoas durante o almoço. Eram duas famílias de vítimas do voo. Uma mãe e uma filha, que haviam perdido um filho e irmão de 28 anos. A outra família era constituída por um senhor magro, alto, com cerca de 55 anos, uma mulher de quarenta e poucos, que parecia ser sua esposa, e outro homem, com 32 anos, acho, um pouco mais baixo. Esses três haviam perdido a filha e irmã. Todos os membros das duas famílias estavam muito abatidos!

No decorrer do almoço, conversamos sobre as questões da reunião e eles estavam muito atentos ao desdobramento do inquérito policial. No meio da conversa, resolvi nos apresentarmos a eles. Todos se mostraram muito educados. A primeira família estava um pouco introspectiva. Já em relação à família do pai, mãe e filho, senti que surgiu uma sintonia entre nós.

Quando terminamos de almoçar, permaneci conversando com o sr. Henrique Moreira, sua esposa, Claudia, e seu filho, Carlos Moreira. A filha do sr. Henrique, enteada de Claudia e irmã de Carlos, chamava-se Simone e tinha trinta anos de idade. Ela viajara a Buenos Aires, para realizar uma entrevista de emprego em uma ONG, e estava retornando ao Rio de Janeiro, onde morava. O voo da TAM era uma conexão.

Antes de adentrar novamente o corredor que ia para o salão-auditório, para a segunda parte da reunião, fomos, juntos, descansar nas poltronas do *hall* de entrada do hotel. O sr. Henrique tirou de um envelope as fotos de Simone. Era uma jovem bem bonita. Tinha os cabelos longos, olhos castanhos, cabelos em tom escuro e um rosto angelical. Ele segurava aquelas fotos e comentava o quanto ela estudava e se dedicava ao Direito. Sim, Simone Moreira era advogada. Minha colega.

De repente, o sr. Henrique ficou com os olhos marejados e começou a chorar. Carlos, que estava em pé, atrás dele, se agachou para abraçar o pai. Claudia também abraçou ternamente o marido. Foi uma cena bem tocante. Com a voz embargada, o sr. Henrique falou:

— Ela era tão jovem, dr. Eduardo... Tão cheia de vida...

Foi quando o sr. Henrique se emocionou ainda mais, suas lágrimas brotaram de seus olhos voluptuosamente. Carlos voltou a abraçar ainda mais forte seu pai.

Contive-me para não desabar também, assim como Vívian, que observava aquela cena, com olhar de profunda comoção. Nessas horas, não tem o que se dizer. Procurei pensar rápido em algo para falar que fizesse sentido, mas não foi fácil.

— Meus sinceros sentimentos pela Simone. Imagino a dor de sua perda. Se eu puder ajudar com algo...

O sr. Henrique falou, tentando se recompor:

— Vamos ver... Quem sabe.

Foi quando Claudia comentou:

— Vamos nos falar antes de encerrar a reunião.

Fiz sinal de positivo com o polegar. Abraçado com Claudia e Carlos, o sr. Henrique foi caminhando em direção ao corredor do auditório.

Vívian e eu aguardamos um pouco. Quando eles se afastaram, ela sussurrou, um tanto atordoada:

— Meu Deus! O homem está sofrendo muito! Coitado!

E comentei:

— Acho que nem conseguimos imaginar o quanto... Vamos...

No período da tarde, sentamo-nos em cadeiras mais distantes dos outros participantes e ficamos concentrados nos debates sobre os temas da pauta da reunião.

Notei três homens, sentados lado a lado, mais à direita de onde Vívian e eu estávamos. O que estava no centro das três cadeiras tinha um *notebook* no colo e parecia estar conectado direto na internet. Os outros dois tinham alguma semelhança física, pareciam irmãos. Percebi que, por um momento, também estavam nos observando.

Em torno das dezesseis e trinta, iniciou-se o intervalo para o *coffee break*. Vívian e eu esperamos um pouco para sair do auditório e acabamos cruzando com os três homens, que também já estavam em pé.

O do meio olhou para mim e falou:

— Vocês também são advogados?

Respondi:

— Sim. Muito prazer. Meu nome é Eduardo, e o dela, Vívian.

O mesmo homem disse:

— Muito prazer. Sou o Nelson.

Nelson apontou para o mais alto, falando:

— Este é o Reinaldo.

Depois, apontou para o que tinha menos altura e disse:

— Este é o Arnaldo.

— Vocês trabalham juntos? – perguntei.

— Sim. Temos escritório aqui em São Paulo. E vocês?

— Temos escritório em Porto Alegre.

Foi quando Reinaldo indagou:

— Ah... agora me lembro. Silvia comentou comigo que vocês estariam aqui hoje na reunião. Vocês entraram agora?

Respondi:

— Foi. Pelo jeito, vocês também estão com os norte-americanos?

Arnaldo, que ainda não havia falado, disse:

— Estamos, sim. E tem a Raquel, junto com o *seu* Lázaro. Vocês a conhecem?

Vívian respondeu:

— Sim, conhecemos a Raquel em Porto Alegre. O sr. Lázaro, não conhecemos.

Reinaldo falou:

— Ele é pai dela. Trabalham juntos. Foram os primeiros advogados a trabalhar com os norte-americanos.

Nelson interrompeu:

— O *seu* Lázaro não é advogado. Ele é corretor de imóveis.

Enquanto falávamos, nos aproximávamos do *coffee break*. Já com uma xícara de café na mão, Reinaldo observou:

— Segundo ele conta, o *seu* Lázaro foi o primeiro a contatar o escritório Masry & Vititoe, logo após o acidente. Depois, eles vieram e fecharam com ele e Raquel. É o que ele conta, não sei se foi bem assim.

Vívian resolveu intervir:

— É mesmo?

— Ele ajuda a Raquel na conversa com as famílias – Nelson falou. — É bastante experiente! Bem mais velho. Fica tudo em família.

Vívian continuou:

— Não vi a Raquel aqui, até agora. Vocês a viram?

— Acho que, desta vez, ela não veio, pois tinha que cuidar da filha pequena dela – Reinaldo respondeu.

— Não sabia que ela tinha filhos – afirmou Vívian.

— Sim, ela tem uma menininha de um ano – continuou Reinaldo. — A mãe da Raquel é quem cuida mais da neta. Eles moram no interior do Rio Grande do Sul. Neste fim de semana, a mãe da Raquel ficou doente e, por isso, Raquel teve que ficar lá para cuidar da filha.

— Sei... – comentei. — Mas garanto que, exceto esse fim de semana, ela deve ser bem presente.

— Nem me fale! A primeira a chegar e a última a sair – Arnaldo endossou.

— Foi o que pensei – continuei. — E me digam, o pessoal dos Estados Unidos não comparece? Jim e George?

Reinaldo logo respondeu:

— Vêm, sim! Eles aguardam o momento mais certo. Não é em toda reunião que eles estão aqui.

— Certo – falei.

E fui prosseguindo na conversa com os colegas paulistas:

— Vocês estão há muito tempo neste caso da TAM?

— Estamos há mais de um mês trabalhando – respondeu Nelson.

— O que estão achando?

Reinaldo tomou a palavra e disse:

— Olha, dr. Eduardo...

Interrompi Reinaldo na hora:

— Por favor, sem "doutor", Reinaldo!

— Ha-ha, está certo, Eduardo – ele respondeu, sorrindo. — Olha, estamos aqui com o objetivo propor para as famílias que ingressem com o processo indenizatório nos Estados Unidos, em Miami. Contudo, Vívian e Eduardo, não é nada fácil! Algumas pessoas nos olham como se fôssemos uns urubus, sabe? Parece piada, mas não é, não. Alguns nos cortam, de cara, logo quando vamos começar a conversar. É só dizer que você é advogado e está ali para falar sobre indenização que algumas pessoas (é claro, não são todas!) falam que não querem dinheiro. Querem o parente que perderam! Aí, você fica perdido...

Então, interrompi:

— Que situação, hein?

Nelson deu andamento à conversa:

— As coisas são bem difíceis aqui, viu, Eduardo?

— Pois é. Estou vendo... Mas as pessoas têm alguma aversão ao processo nos Estados Unidos? Falam o que sobre isso?

Reinaldo respondeu:

— Como lhe falei, quando a gente consegue avançar na conversa, eles questionam bastante. Querem saber se não vai dar problema, pois o acidente aconteceu no Brasil; de quanto é a indenização nos EUA; se o valor é mesmo mais alto do que a feita no Brasil; se o processo vai demorar muito tempo, etc. E assim vai...

Vívian pensou e perguntou:

— Quantos clientes vocês têm?

Nelson pensou um pouco e respondeu:

— Estamos com três casos.

— Ah, é? E Raquel e o pai? – Vívian indagou.

Nelson permaneceu com a palavra do grupo dele e respondeu:

— A Raquel? Deve ter uns nove ou dez!

Espantado, comentei:

— Sério? É um número bem expressivo!

Desta vez, Reinaldo tomou a palavra e disse:

— Sem dúvida, Eduardo. Mas, veja bem, sem tirar o mérito da Raquel e do pai, o fato é que estão trabalhando desde o começo. Foi o primeiro escritório de advocacia a atuar junto às famílias. Eram apenas eles e os norte-americanos fazendo isso.

Foi quando indaguei:

— Mas espere aí. Vai me dizer que não havia nenhum escritório de advocacia do Brasil trabalhando?

Reinaldo respondeu:

— Certamente têm outros escritórios de advocacia atuando, mas, junto aos norte-americanos, não! E eles foram os primeiros a virem aqui nas reuniões da Afavitam. Já viajaram horrores Brasil afora atrás de familiares, e assim foi.

Acenei com a cabeça e falei:

— Entendi.

— Com os norte-americanos, primeiro foi a Raquel; depois, nós; e agora, vocês! – Nelson concluiu.

E Arnaldo complementou:

— Sabe, Eduardo... quem chega primeiro, via de regra, sempre leva vantagem. Foi o caso da Raquel.

— Certamente – falei.

Em seguida, retornamos ao auditório para assistir à última parte do evento. Os debates prosseguiram até às dezenove e trinta daquele sábado.

Assim que saímos, entrando no corredor, percebi que o sr. Henrique, Claudia e Carlos estavam encostados na parede. Acabamos trocando olhares e sugeri conversarmos mais um pouco, no café do hotel. Sentamo-nos, os quatro, em uma mesa pequena e redonda, e logo o garçom trouxe os cafezinhos. Vívian estava no *hall* do hotel, falando com umas senhoras e duas meninas.

Após o garçom se afastar, o sr. Henrique deu o tom da conversa:

— Pois é, Eduardo, você sabe que moro em Campos, no Rio de Janeiro.

— Ah, é? – respondi. — Não sabia, sr. Henrique.

Carlos interveio:

— Estivemos conversando, eu e meu pai. Ainda não temos advogado para tratar da indenização. Falando com você, pensamos em fazer o seguinte. Temos um amigo da família que é advogado e mora lá em Campos. Sempre nos aconselhamos com ele sobre questões jurídicas. E, assim, Eduardo, se você concordar, gostaríamos que fosse até a nossa casa, em Campos, e faríamos uma reunião com o nosso amigo para tirarmos as dúvidas.

O sr. Henrique colocou:

— Veja, Eduardo, não estamos colocando em dúvida sua capacidade. Não é isso! Queremos a opinião dele, a qual sempre ouvimos em ocasiões que envolvam processos e coisas jurídicas.

Não me senti nem um pouco chateado ou ofendido com a posição da família Moreira e, prontamente, respondi:

— Não se preocupem. Compreendo a situação. Posso expor a questão do processo para o amigo de vocês, meu colega, sem problemas.

Claudia falou:

— Que bom, Eduardo. E me diga uma coisa, até que dia você vai ficar aqui em São Paulo?

— Vou embora só na segunda – respondi.

Carlos, olhando para o relógio, falou:

— Vou ligar para o dr. Sérgio, nosso amigo advogado, para agendarmos uma reunião com todos nós, OK?

— Fechado, Carlos! – respondi. — Quando seria? De repente, pode ser no próximo fim de semana. O que acham?

Carlos olhou para o pai dele e respondeu:

— Acho que pode ser. Vou confirmar com o dr. Sérgio e lhe retorno. Se não for hoje ainda, amanhã no café da manhã... ou até meio-dia. Pode ser?

— Sim, claro. Você tem meu cartão, no qual consta o número do meu celular.

— Pode deixar. Vou falar com ele e, até amanhã, no máximo, lhe darei um retorno.

— OK – respondi. — Vou aguardar.

Despedimo-nos.

O sr. Henrique saiu do hotel com Claudia e Carlos. Fiquei no café, pensando na reunião com a família Moreira. Nunca fui de contar com as coisas antes de elas acontecerem, mas senti firmeza com eles!

Ansioso para dizer à Vívian as novidades, saí do hotel e fiquei na calçada da rua. Ela me viu sozinho e percebi que tratou de finalizar a conversa em que estava. Assim que Vívian se aproximou, contei-lhe sobre a família Moreira e a possível viagem a Campos. Ela se animou com a notícia e também relatou os novos contatos que estavam surgindo com as suas conversas.

Em seguida, convidei Vívian para comermos uma pizza. Afinal, São Paulo também é a capital da pizza. Estávamos agitados com tanta novidade, e o jantar serviu para nos descontrairmos.

No dia seguinte, por volta das nove horas, já estávamos tomando café da manhã. Ainda haveria uma pequena programação naquela manhã de domingo. Era uma missa em homenagem às vítimas em uma igreja próxima ao hotel.

Fiquei atento para avistar o sr. Henrique, Claudia e Carlos. Quando achei que não os veria ali no café no hotel, pois o ônibus estava prestes a sair, Carlos me chamou e falou:

— Eduardo, tudo certo. Vamos nos encontrar no sábado que vem, em Campos. Falei com o dr. Sérgio e ele concordou. Após a missa, falaremos mais. Pode ser?

— Tudo certo – respondi. — Vou esperar aqui para acertarmos os detalhes da nossa reunião.

CAPÍTULO 12

DESAFIO

CHEGANDO A PORTO Alegre, na segunda à tarde, fui direto para o escritório e Vívian foi para a casa dela. Trabalhei naquela tarde organizando prazos e debatendo processos com Tarcísio.

Por volta das dezessete horas, Silvia ligou para mim e foi logo dizendo:

— O que Vívian e você acharam da reunião?

— Nunca imaginei uma situação daquelas. É bem forte! Muita emoção!

— Vão se acostumando... – Silvia respondeu. — Essa foi a primeira de muitas reuniões.

— É, estou sabendo.

— E parabéns para vocês dois. Logo na primeira reunião, já agendaram viagem com uma família.

— Aconteceu uma sintonia com a família Moreira depois que expliquei toda a situação jurídica – respondi.

— Então, veja aí se concorda. Enviei para o seu *e-mail* uma sugestão de viagem a Campos. Não tem muita opção. Vocês descem no Rio de Janeiro e vão, em um avião pequeno, para Campos, na sexta agora. Já reservei o melhor hotel da cidade por uma noite. Acha que precisa de mais tempo, Eduardo?

— Acredito que não. Marquei reunião no sábado, às nove e meia. Vai ser ótimo. Outra coisa, Silvia: tenho uma grande amiga que mora no Rio de Janeiro e quero muito visitá-la. Gostaria de retornar na segunda à noite, sem nenhum custo adicional para você.

Silvia respondeu:

— Sem problema. Você quer que eu marque a sua volta e a da Vívian na segunda à noite?

— Isso. Pegarei um avião no sábado à noite, de Campos para o Rio, e ficarei no apartamento da minha prima no Rio de Janeiro até segunda à noite.

Silvia, sempre atenciosa, falou:

— Vou fazer essa alteração agora e já envio para o seu *e-mail*. Só confirme para mim se está OK, via *e-mail* mesmo, está bem?

— Maravilha, Silvia! Muito obrigado pela atenção!

Silvia era um doce.

— Imagine – disse ela.

Em seguida, liguei para Vívian e comuniquei-a sobre o agendamento. Seria a nossa primeira viagem por conta desse trabalho da TAM, no sentido de visitar famílias.

Ao longo daquela semana, que acabou bem mais curta, trabalhei no escritório em casos do cotidiano. Vivian já estava bem integrada. Procurei deixá-la mais voltada para os assuntos relacionados ao acidente da TAM.

Assim, ela interagiu mais com Silvia, que nos enviou uma relação completa da lista das vítimas. A lista era a seguinte:

- *162 passageiros (duas crianças de colo)*
- *25 funcionários da empresa (dos quais 6 eram tripulantes: 2 comandantes e 4 comissários)*
    - *Total de pessoas a bordo da aeronave: 187*
- *12 pessoas no prédio da TAM Express (ao lado do aeroporto, estando 1 no posto de gasolina)*
    - *Total de vítimas: 199 pessoas*

Vívian mostrou-me a lista de todos os nomes dos passageiros, com idade, profissão, estado civil, se tinham filhos e, em alguns casos, algumas fotos. Realmente, ler aquela relação com os detalhes de cada uma das vítimas causava uma sensação pesada de imensa tristeza. Eu imaginava quantos filhos perderam seus pais, as mães que perderam seus filhos, maridos que perderam esposas, esposas que perderam maridos, irmãos e amigos perdidos. Cada nome ali tinha sua história de vida e, certamente, muita gente estava sofrendo com a ausência de seus entes queridos.

Era o que o trabalho estava mostrando para mim. Vívian e eu, bem como os outros advogados que estavam trabalhando naquele caso, iríamos, inevitavelmente, mergulhar na vida das vítimas e de suas famílias. Essa era a sensação que eu tinha após a reunião em São Paulo. E esse era o desafio daquele trabalho!

Aquela semana demonstrou como tudo seria dali em diante. Por mais que eu me esforçasse, não conseguia dar a mesma atenção aos meus processos anteriores ao trabalho da TAM. Ressalto que nunca perdi prazo, nem fui relapso com os clientes e seus processos, mas a verdade é que o assunto TAM me absorveu de tal maneira que dominava meus pensamentos e, até mesmo, as conversas.

Muito embora Marlene e Tarcísio não estivessem tão por dentro dos assuntos da TAM, a curiosidade deles era grande. Eu percebia que o assunto os fascinava. Não havia manhã ou tarde que um deles não me perguntasse algo a respeito. Comecei a ver que Marlene e Tarcísio tinham orgulho em comentar com outras pessoas que o escritório atuava em favor das famílias no acidente da TAM. No prédio em que ficava meu escritório, já havia alguns colegas que sabiam, e não tinha sido por mim.

É claro, foi o maior acidente da história da aviação brasileira e o segundo maior da América Latina (até a publicação desta terceira edição). Não há como não falar desse acidente, ainda mais quando se está envolvido diretamente com ele.

CAPÍTULO 13

VIAGEM A CAMPOS

NA SEXTA-FEIRA DE manhã, embarcamos para a cidade do Rio de Janeiro. Chegamos lá após o meio-dia e, em seguida, pegamos um voo de conexão para a cidade de Campos. O avião com destino a Campos era incrivelmente antigo – meu Deus –, ele tinha hélice!

Ao entrarmos e nos sentarmos na aeronave, contei 24 lugares, sendo duas poltronas de cada lado, e vimos um homem fazendo o sinal da cruz e rezando com muita concentração.

Quando o avião finalmente decolou, um barulho ensurdecedor vinha do motor. Era impossível conversar! E balançava muito. O homem que rezava ficou uma hora – o tempo do voo – em sua meditação. E não era para menos.

Graças a Deus, pousamos. Que sufoco! Não via a hora de descer daquele avião.

O calor era insuportável! Era início de dezembro, portanto, o verão já aparecia com certa força.

Resido em Porto Alegre, embora viaje frequentemente. Gosto de minha cidade, mas acho seu clima o pior possível! No inverno, é muito frio. E no verão, no alto verão, é um "Forno Alegre", como chamam, literalmente, a cidade nessa época.

Até hoje, o lugar que me fez passar mais calor do que Porto Alegre foi a cidade de Campos. Quase indescritível! Faltava-me o ar.

Ainda assim, quando anoiteceu, resolvemos desopilar e fomos à academia do hotel. Em seguida, jantamos na churrascaria do hotel também.

No dia seguinte, acordamos cedinho e repassamos o material da reunião. Levamos o *folder* do escritório Masry & Vititoe, os modelos de contratos e de procuração, além de outros documentos com informações. Tudo estava impresso em uma pasta do escritório estadunidense. Após o café da manhã, fomos para a casa da família Moreira.

Era uma casa antiga, estilo tradicional, com tudo muito bem conservado. Estavam todos da família: o sr. Henrique, Claudia, Carlos e Thiago, irmão mais novo de Simone, de quinze anos de idade, que não estivera antes em São Paulo.

Logo nos foi apresentado o amigo e advogado da família, dr. Sérgio, muito calmo e educado. Sentados em poltronas na sala de estar da casa, comecei explicando o porquê de a ação judicial ser movida nos Estados Unidos. Ele se mostrou acessível à ideia. Fez alguns questionamentos e respondi todos. Vívian também interveio de vez em quando.

Minha explanação se resumiu em dizer que, no avião Airbus A320 da TAM, havia um cidadão estadunidense, sr. Michael Green, que morava em Miami. Por intermédio da família dele, ingressaríamos com uma ação indenizatória, e as famílias brasileiras figurariam como um litisconsorte, em uma analogia com o Direito brasileiro (*civil law*).

Expliquei também que o sistema estadunidense é o *common law*, sistema jurídico anglo-saxão baseado nos precedentes judiciais, na jurisprudência, e muito diferente do nosso, que tem como base no sistema romano-germânico. O *common law* é a mais ágil! A Justiça estadunidense não é lenta como a brasileira. Relatei que estive em Miami e Los Angeles, junto com Vívian, e que conheci os escritórios de advocacia que trabalhariam no caso. Repassei ao dr. Sérgio como a Justiça estadunidense é mais rápida. Em média, o processo leva, no máximo, dois anos.

Relatei ainda que os estadunidenses têm a cultura do acordo. O índice de acordo nos processos é muito alto. E no nosso, da TAM, era bem provável uma composição amigável. Além disso, o valor das indenizações é bem mais elevado. Até porque, na primeira instância, é um júri popular que julga, ou seja, são cidadãos do povo que avaliam o grau do dano. Sendo assim, são mais sensíveis às vítimas.

Dr. Sérgio ficou bem impressionado com o que informei. Eram novidades, pois, é claro, acidente no Brasil com ação nos Estados Unidos não é um fato que acontece no dia a dia. Embora a preocupação dele e da família Moreira fosse com a demora da Justiça brasileira, esse temor – aliás, deveras sedimentado, pois a lentidão de nossa Justiça é revoltante – acabou por influenciar positivamente na aprovação da proposta de ingresso na Justiça estadunidense.

Percebi que o assunto já havia sido debatido entre eles e que estavam de acordo com a nossa estratégia para o caso. Inclusive, comentei que poderíamos fazer o inventário da Simone, caso entendessem ser interessante.

Assim, após uma hora, passamos às formalidades. Vívian ligou o *laptop* e preencheu o contrato e a procuração de todos. Foi tranquilo. Realmente, desde o princípio, houve uma confiança da família Moreira em nós.

No início da tarde de sábado, estávamos nos despedindo deles com a concretização da contratação. A nossa sensação era de dever cumprido. E mais, também tínhamos a mais plena convicção de que aquele era o melhor caminho, não desrespeitando as outras opções. Efetivamente, tínhamos essa convicção e com certeza isso foi transpassado para a família Moreira.

Partimos de Campos contentes, rumo de volta à cidade do Rio de Janeiro, onde encontraríamos minha amiga (a ex-esposa do meu primo Luís). Yeda era uma pessoa extraordinária. Sempre fez questão de me receber em seu apartamento, na rua Joaquim Nabuco, em Copacabana. Seu atual marido, Antônio, também sempre foi receptivo, além de seus filhos, Lu e Dudi.

Ainda no sábado, repassei para Silvia as informações relacionadas à família Moreira. E, em conversa com Vívian, ainda no Rio de Janeiro, resolvemos que, assim que chegássemos a Porto Alegre, iniciaríamos os telefonemas para os familiares das vítimas.

Sem dúvida, o êxito na contratação junto à família Moreira nos motivou ainda mais para procurar novas famílias, muito embora estivéssemos em desvantagem em relação aos escritórios de Raquel e de Nelson, Reinaldo e Arnaldo. Meu escritório era novo no caso; e eu estava começando a me apresentar no meio. Eles já estavam há mais meses trabalhando no caso, já eram conhecidos das famílias e, certamente, já haviam ligado para elas e participado de outras reuniões da Afavitam.

Por outro lado, os dois escritórios já haviam tido oportunidades de captar famílias em vários momentos. Vívian e eu abordaríamos as mesmas famílias com quem eles já tinham conversado, as quais, por algum motivo, não quiseram fechar contrato. Talvez porque, conceitualmente, elas não quisessem ingressar na Justiça estadunidense; talvez porque fossem mais conservadoras. Não sabemos ao certo.

E, assim, após a primeira reunião da Afavitam que participamos e ao retornarmos de Campos, Vívian e eu constatamos isso tudo e visualizamos um grande desafio naquele início do trabalho. A tarefa seria mais dura do que pensávamos.

PARTE 2

A DOUTRINA

CAPÍTULO 14

COMMON LAW

PARA PROPOR UM processo judicial nos Estados Unidos e com todo o ineditismo e a responsabilidade que o caso requer, percebi que eu teria que estudar o funcionamento do sistema jurídico daquele país.

Além de ter realizado a viagem a Los Angeles e Miami, para conhecer os escritórios de advocacia estadunidenses, também senti a necessidade de saber como era o andamento dos processos no sistema dos EUA. Conversando com os advogados de ambos os escritórios, Masry & Vititoe e Podhurst Orseck, constatei uma realidade jurídica infinitamente superior.

Nos Estados Unidos, os processos duram, em média, um ano! É inacreditável para nós, advogados brasileiros, mas é verdade. Contudo, é bom ressaltar que o processo judicial é curto em termos de tempo. A jurisdição no *common law* encurta o processo.

Dentre o que pude conhecer, o que mais me impressionou foi a cultura do acordo. Todos os processos, ou quase todos, acabam dessa maneira. Li sobre processos de milhões de dólares que se encerraram em menos de um ano em função de as partes acordarem entre si. A cultura do acordo predomina em grande escala entre os advogados, juízes, promotores e, até mesmo, entre as partes.

Além disso, nos EUA, muitos conflitos nem ingressam no Judiciário; são resolvidos entre as quatro paredes dos escritórios de advocacia. E, uma vez que entra no Judiciário estadunidense, raramente o processo dura mais de dois anos.

Diante dessa realidade, aprofundei-me no estudo do sistema estadunidense de Direito. É importante destacar que, no Direito ocidental contemporâneo, existem dois grandes sistemas ou famílias[1]: o sistema romano-germânico, como alguns doutrinadores denominam, que tem sua origem na Europa Continental e está ligado ao Direito romano; e o sistema de *common law*[2], que está ligado ao Direito inglês e, com algumas exceções (a Escócia é um exemplo, pois está vinculada ao *civil law*), aos Direitos dos demais países de língua inglesa.

A expressão *common law*, dentre outros conceitos, é designativa de um sistema jurídico em que uma das fontes primárias do Direito é a decisão ou o precedente judicial.

O conjunto das decisões (*case law*[3]) vinculadoras do julgamento de casos futuros constitui o Direito Comum, aplicável preferencialmente em relação às normas estabelecidas de maneira abstrata em leis ou outros diplomas emanados de órgãos com competência legislativa.

Como afirma o notável André Gustavo Corrêa de Andrade[4], a característica desse sistema, portanto, é a criação do Direito pelo juiz (*judge-made law*), em contraposição ao Direito estabelecido por órgão não integrante do Poder Judiciário.

O grande jurista estadunidense da Suprema Corte dos EUA, Oliver Wendell Holmes Jr.[5], afirma que o sistema estadunidense é mais orientado pela experiência do que pela lógica. Isso não significa que, sob o sistema de *common law*, a solução dos conflitos de interesse não seja comandada pela razão, mas, sim, que a razão seja extraída mais dos fatos e da experiência do que de regras abstratas e gerais preestabelecidas. O raciocínio indutivo prepondera sobre o dedutivo.

René David[6] expõe:

> Para construir o sistema de Direito, no qual se analisa o *common law*, foi necessário, para cada questão, procurar a solução mais conforme a razão, e um elemento

---

1 DAVID, René. *Os grandes sistemas do Direito contemporâneo.* São Paulo: Martins Fontes, 2002. p.19.

2 *Common law* é traduzido corretamente como direito comum.

3 Conjunto de casos julgados que forma o corpo de leis em uma determinada jurisdição.

4 ANDRADE, André Gustavo Corrêa de. *Dano moral & indenização punitiva.* 2.ed. rev. e ampl. Rio de Janeiro: Lumen Juris, 2009. p.170.

5 HOLMES, Oliver Wendell, Jr. *The common law.* New York: Barnes & Noble, 2004. p.9. No original: "*The life of the law has not been logic; it has been experience*".

6 DAVID, René. *Os grandes sistemas do Direito contemporâneo.* São Paulo: Martins Fontes, 2002. p.19.

determinante para descobrir esta solução foi o desejo de assegurar a coesão das decisões de justiça, o que supõe inevitavelmente um certo recurso à lógica.

A questão é que, no sistema de *common law*, a ausência de um conjunto pormenorizado de regras escritas impulsiona o julgador à busca de soluções solidamente fundadas na razão e na argumentação. Assim, é clássica a citação de Edward Coke[7]: "A razão é a vida do Direito; mais ainda, o *common law* nada mais é senão a razão". Nesse sentido, pode-se afirmar que a grande marca do *common law* é o pragmatismo.

O doutrinador André Gustavo Corrêa de Andrade[8] assegura, *in verbis*: "O precedente, por não constituir uma regra abstrata, mas uma regra intimamente ligada aos fatos que lhe deram origem", não engessa o Direito como usualmente imaginam os juristas dos países da família romano-germânica. A falta de um conjunto sistematizado de regras escritas confere grande plasticidade ao sistema de *common law*, no qual é frequente o emprego de argumentos de princípio.

Já nos países de família romano-germânica, em que prepondera o Direito escrito, pretende-se, sob o signo da segurança e da previsibilidade, regular todos os aspectos da vida social por meio da formulação de regras gerais e abstratas previamente elaboradas. Esse é o sistema que se convencionou chamar de *civil law*, em que o apelo à razão usualmente se dá sob a maneira de interpretação de fórmulas abstratas e gerais para a aplicação a casos concretos com pouquíssima margem para lacunas a serem preenchidas pelos juízes que, na busca da solução justa, se veem enormemente limitados pelas balizas preestabelecidas pelo legislador.

Nesse propósito, no *common law*, predomina que a regra do precedente traz mais segurança para as relações jurídicas, na medida em que permite antecipar o entendimento judicial a ser dado a um determinado conjunto de fatos, quando fatos idênticos ou análogos foram submetidos à decisão anterior. Acredita-se que um conjunto de precedentes obrigatórios confere consistência ao sistema jurídico e alimenta o sentimento de justiça porque permite que dois casos idênticos ou similares em seus aspectos fáticos sejam tratados da mesma maneira.

---

7 COKE, Edward. *The first part of the institutes of the laws of England*. London: R. Pheney & S. Brooks, 1923. Apud STEVENSON, Burton Egbert. *The home book of quotations:* classical and modern. 10.ed. New York: Dodd, Mead, 1967. p.1079. No original: "*Reason is the life of the law; nay, the common law itself is nothing else but reason*".

8 ANDRADE, André Gustavo Corrêa de. *Dano moral & indenização punitiva*. 2.ed. rev. e ampl. Rio de Janeiro: Lumen Juris, 2009. p.171.

É importante salientar que o precedente somente é obrigatório (*binding precedent*[9]) em se tratando de decisão anterior proferida por um tribunal (*appellate court*) em relação a um órgão judicial de primeiro grau, ou proferida por um tribunal superior em relação a um inferior. Nos EUA, as decisões proferidas por tribunais federais geralmente constituem precedente obrigatório para as cortes estaduais. Entre órgãos judiciários de igual hierarquia, os precedentes não têm força obrigatória, mas meramente persuasiva (*persuasive precedent*)[10], o mesmo ocorrendo com decisões de uma corte estadual em relação a órgãos judiciários de outro estado.

São denominados *leading cases* os precedentes considerados especialmente importantes, seja porque regularam pela primeira vez uma questão ou porque trouxeram balizamentos importantes para ela. Servem de guia para advogados e juízes no julgamento de determinadas matérias e são frequentemente citados nos casos subsequentes.

No caso do sistema romano-germânico, como o Brasil, a jurisprudência que tem força meramente persuasiva é, comumente, citada pela sua ementa.

Na invocação de um julgado, dá-se grande importância à parte dispositiva, pouco à sua fundamentação e quase nenhuma às circunstâncias, de fato, subjacentes. No sistema de *common law*, o *precedente* é examinado em seu conjunto. Cumpre distinguir, de seu inteiro teor, aquilo que lhe é essencial, ou seja, a determinação da regra de Direito (*holding* ou *ratio decidendi*) que deverá ser seguida no futuro daquilo que lhe é incidental e que, por não se relacionar diretamente com o caso, não tem força obrigatória.

É importante destacar que os Estados Unidos, diferentemente da Inglaterra, têm uma Constituição escrita, datada de 1787, e acrescida de diversas emendas. Muitas de suas disposições sofreram importantes mudanças de interpretação ao longo dos anos, a fim de adaptá-las à evolução social.

Cada um dos cinquenta estados estadunidenses goza de relativa autonomia e tem sua própria Constituição. Nesse sentido, o estado de Louisiana, em decorrência da histórica influência francesa e espanhola sobre a região, é o único estado estadunidense a adotar o sistema de *civil law*.

---

9 Também denominado *authoritative precedent*, o *binding precedent* é definido como "um precedente que uma corte deve seguir", de acordo com o *Black's Law Dictionary*, p.1195.

10 "Um precedente que uma corte pode tanto seguir quanto rejeitar, mas que é credor de respeito e cuidadosa consideração", de acordo com o *Black's Law Dictionary*, p.1195.

CAPÍTULO 15

PUNITIVE DAMAGES

UM DOS FATORES que pode elevar o valor das condenações no sistema de *common law* é o instituto dos *punitive damages*.

E o que é esse instituto?

Os *punitive damages*[11] constituem um valor variável, estabelecido separadamente dos *compensatory damages* (indenização compensatória), quando o dano é decorrente de um comportamento lesivo, marcado por grave negligência, malícia ou opressão. Caso a conduta do ofensor não seja particularmente reprovável, não há que se falar em imputação de *punitive damages*, conforme preleciona André Gustavo Corrêa de Andrade[12].

Acima de tudo, o objetivo dos *punitive* ou *exemplary damages* é o de punir o ofensor, estabelecendo uma sanção que lhe sirva de exemplo para que não repita o ato lesivo, além de dissuadir comportamentos semelhantes por parte de terceiros.

---

11 A expressão *punitive damages* é impropriamente traduzida, entre nós, como danos punitivos (*daños punitivos*, em espanhol), em caso típico de metonímia, em que se emprega a causa (danos) pela consequência (indenização). Uma tradução mais técnica e fiel ao sentido originário da expressão seria indenização punitiva. O vocábulo *damages*, no plural, significa indenização. A noção de dano é dada pelo vocábulo *damage*. Com isso, a versão para o português mais adequada é *indenização punitiva*.

12 ANDRADE, André Gustavo Corrêa de. *Dano moral & indenização punitiva*. 2.ed. rev. e ampl. Rio de Janeiro: Lumen Juris, 2009. p.171.

Na esteira da magnífica obra de André Gustavo Corrêa de Andrade[13], destaca-se o *Restatement* (*Second*) *of Torts*[14], § 908(1) de 1979, realçando essa finalidade primordial do instituto: "*Punitive damages* são a indenização, diversa dos *compensatory* ou *nominal damages*, estabelecida contra alguém para puni-lo por sua conduta semelhante no futuro".

É importante destacar um breve histórico desse instituto.

Sua origem remonta a alguns códigos muito antigos, como o *Código de Hamurabi* (mais de 2.000 anos a.C.), o *Código Hitita* (séc. XV a.C.), a *Lei das XII Tábuas* (450 a.C.), o *Código de Manu* (200 a.C.), assim como a *Bíblia*.

A primeira informação da aplicação do instituto dos *punitive damages* remonta ao ano de 1763, no julgamento do caso Wilkes *versus* Wood, na Inglaterra. Tratava-se do conteúdo de uma matéria publicada no jornal *The North Briton*, que publicara um artigo anônimo de conteúdo alegadamente ofensivo à reputação do rei George III e de seus ministros. Em decorrência, Lord Halifax, secretário de Estado do rei, determinou expedição de mandado genérico (*general warrant*), autorizando a prisão dos suspeitos de envolvimento na publicação do artigo, sem os identificar nominalmente. Em razão disso, foram presas 49 pessoas, dentre as quais, o autor do artigo, John Wilkes, inflamado membro da oposição no Parlamento.

Os mensageiros do rei invadiram e reviraram a casa de Wilkes, forçando gavetas e apreendendo livros e papéis privados, sem os inventariar. Wilkes, então, ajuizou uma *action for trespass* contra Mr. Wood, subsecretário de Estado, que havia, pessoalmente, supervisionado a execução do mandado.

Protagonizou os *punitive damages*, sob o argumento de que uma indenização de reduzido valor não seria suficiente para impedir a prática de condutas semelhantes.

Diante dessa postulação, o júri foi sensível e determinou a condenação em £ 1.000 (mil libras) a título de *exemplary* (utilizado também em lugar de *punitive*) *damages*. Esse valor foi considerado bem elevado para a época.

---

13 Idem.

14 Os *Restatements* são textos doutrinários elaborados por juízes, advogados e professores de Direito integrantes do America Law Institute. Têm considerável influência em julgamentos nas diversas Cortes de Justiça, conforme o *Black's Law Dictionary*, p.1314.

Esse mesmo fato gerou um segundo caso, denominado Huckle *versus* Money. Huckle, um humilde tipógrafo, foi detido com base no mesmo mandado genérico. Também ocorreu uma condenação em *punitive damages*, bem relevante para época, no valor de £ 300 (trezentas libras), o equivalente a trezentas vezes o salário da vítima.

Nos EUA, os *punitive damages* começaram a ser utilizados no julgamento do caso Genay *versus* Norris, em 1784. Tratava-se de um duelo de pistolas, prática comum na época para resolver conflitos pessoais. Antes do duelo, o réu convidou o autor para beber e fazer um drinque de reconciliação. No entanto, de maneira enganosa, o réu colocou um ingrediente venenoso na bebida do autor, causando-lhe uma dor insuportável. Em razão disso, a Corte considerou que o autor fazia jus aos *exemplary damages*.

Nessa esteira, em 1791, no caso Coryell *versus* Colbough[15], foram estabelecidos *punitive damages* com função exemplar em ação fundada em quebra de promessa de casamento.

Ainda assim, até 1830, os julgados não tinham fixado em bases sólidas a função dissuasória dos *punitive damages*, que ainda eram frequentemente empregados com motivação compensatória.

Após, em 1851, a Suprema Corte dos Estados Unidos deliberou que constituiria princípio bem estabelecido do *common law* a imposição pelo júri, em ação de indenização e em todos os casos de responsabilidade civil, a utilização dos *punitive damages*.

Mesmo na Inglaterra, o instituto de *punitive* ou *exemplary damages* consolidou-se, em 1964, por meio do julgamento do caso Rookes *versus* Barnard, que fixou a aplicação do referido instituto.

Convém destacar que os *punitive damages* alcançam praticamente todos os tipos de *tort* (dano). No campo da responsabilidade civil de produtos e fornecedores, o instituto dos *punitive damages* é muito utilizado nas decisões judiciais em razão dos produtos defeituosos. São os casos dos dispositivos contraceptivos intrauterinos, implantes de silicone, asbesto e tabaco. O meio jurídico tem plena

---

15 Alguns doutrinadores, como Schluelter e Redden, apontam este como verdadeiramente o primeiro caso da Justiça estadunidense a condenar pelo instrumento dos *punitive damages*. (Ver Schluelter, L.; Redden K. R. *Punitive damages*. v.1. New York: Lexis, 2001.)

consciência de que, graças às decisões que puniram fabricantes, adotando-se os *punitive damages*, os produtos são cada vez mais testados em laboratórios e os fabricantes, de modo geral, têm uma forte preocupação em colocar seus produtos com qualidade no mercado.

Por fim, no *common law*, é consenso, tanto no meio jurídico como na sociedade, que os *punitive damages* atuem em prol do interesse público e social.

CAPÍTULO 16

CASES

SEMPRE OUVI QUE as indenizações na Justiça estadunidense são extremamente altas. E não apenas eu, é claro. Mesmo no ambiente das reuniões da Afavitam, não só os advogados, mas também os familiares tinham essa ideia.

Acho que muita dessa informação se deve em razão de notícias e de filmes. Pois bem, pude constatar isso *in loco*, no período em que estive nos Estados Unidos.

Li vários processos nos escritórios estadunidenses Podhurst Orseck e Masry & Vititoe e verifiquei uma realidade que todo advogado brasileiro gostaria de ter. São processos de curta duração e que acabam em acordo. Sim, têm curta duração porque acabam em acordo, também é verdade; mas é difícil o processo que avança por mais de dois anos.

Nunca esqueci o caso do pastor de uma igreja dos Estados Unidos que estava em um pequeno avião que caiu no deserto do Texas, já relatado por mim aqui. O fato de ele ter mais de dois mil seguidores, bem como a cultura dos *punitive damages*, ensejou um acordo de dez milhões de dólares. O processo não tinha cem folhas.

Outro fator fundamental nas indenizações estadunidenses é a presença da apólice do seguro. Todas as empresas têm uma apólice com valor. É regra! E lá, diferentemente daqui, as seguradoras pagam as apólices. Aqui, é necessário ingressar na Justiça para obrigar as companhias seguradoras a honrarem seus contratos.

Todavia, seguindo em frente, posso enumerar alguns dos casos mais famosos de indenização no *common law*. Sem dúvida, tenho que começar pelo *Coffee case*.

COFFEE CASE

Esse é um caso que repercutiu em todo o país. A imprensa estadunidense explorou e fantasiou esse processo em vários programas de televisão[16], seriados famosos[17] e muitas reportagens em jornais e revistas.

Em 27 de fevereiro de 1992, Stella Liebeck, uma balconista de 79 anos, que trabalhava em tempo integral em uma loja de departamentos, estava sentada no banco do passageiro do carro de seu neto, Cristopher Tiano, quando resolveram parar no *drive-thru* de uma das lojas da rede McDonald's, na cidade de Albuquerque, estado do Novo México, para comprar um café por US$ 0,49 (quarenta e nove centavos de dólar).

Concluída a compra, Cristopher parou o carro no estacionamento para que sua avó, Stella, pudesse adicionar açúcar e creme. O veículo era um Ford Probe, que não possuía porta-copos e, então, Stella resolveu colocar o copo preso entre suas duas coxas e, assim, estaria com as mãos livres para abrir a tampa do copo.

No momento em que ela estava girando a tampa do copo, o café vazou e caiu no colo de Stella. Como consequência, a senhora de 79 anos teve queimaduras de segundo e terceiro graus na região interna das coxas, no períneo, nas nádegas, na região genital e na virilha. Ela permaneceu internada em um hospital por uma semana e, posteriormente, ficou mais 21 dias em tratamento domiciliar sob os cuidados de sua filha.

Stella sofreu perdas significativas de sua pele e ficou com cicatrizes permanentes, além de perder vinte porcento de seu peso. As imagens das queimaduras[18] de Stella são terríveis e, em razão delas, o júri foi muito sensível à dor da senhora.

Em 12 de março de 1993, o advogado de Stella, Reed Morgan, ingressou com o processo judicial contra o McDonald's.

No fulcro da ação, estão a imprudência e a negligência da empresa em vender um café extremamente quente e com falhas na embalagem. O café servido estava entre 180 e 190°F (82 a 87°C), sendo que geralmente a temperatura média é de 135 a 140°F (57 a 60°C). Eram 40 a 50°F a mais do que o normalmente servido.

---

16 No *talk-show* da franquia "The Late Late Show", criado por David Letterman.

17 *Os Simpsons* também lhe dedicaram parte da abertura de um episódio, no qual o personagem Bart deve escrever na lousa frases de conteúdo pedagógico como punição pelo seu comportamento reprovável, e a escolha foi: "Eu não ajuizarei lides temerárias".

18 As imagens das queimaduras de Stella são facilmente acessadas pelo Google Imagens, a partir dos argumentos "Stella Liebeck injuries" ou "Stella Liebeck burns".

Embora a cultura do acordo predomine no meio jurídico estadunidense, não se sabe por que, desta vez, a empresa não aceitou a proposta de US$ 11.000,00 do advogado de Stella. A contraproposta do McDonald's foi de US$ 800,00.

No dia 18 de agosto de 1994, o júri, composto por seis homens e seis mulheres, condenou a empresa em US$ 160.000,00 por *compensatory damages*.

Após um caloroso debate, os jurados consideraram que o comportamento do McDonald's havia sido temerário, negligente, malicioso e propositado, prestando um suporte para condenação em *punitive damages*.

Com esse fundamento, o júri sentenciou em US$ 2.700.000,00 a título de *punitive damages*, quantia correspondente à venda de café na rede mundial do McDonald's no período de dois dias.

Posteriormente, o juiz da causa, Robert H. Scott, reduziu o valor em *punitive damages* para US$ 480.000,00, mantendo o valor de US$ 160.000,00 a título de *compensatory damages*. Assim, o total de indenização alcançou o valor de US$ 640.000,00.

Com possibilidades de recursos para ambas as partes, foi fechado um acordo, ao final, com cláusula de confidencialidade, na frente de um juiz conciliador. Aliás, naquela época, já havia juízes conciliadores nos EUA, enquanto, na Justiça brasileira, começou a existir, de forma tímida, apenas no início dos anos 2000.

MER/29 *CASE*

Os *punitive damages* alcançaram maior destaque, como descreve em obra notável o doutrinador André Gustavo Corrêa de Andrade[19], no julgamento de dois casos envolvendo a comercialização, pela empresa Richardson-Merrell, do medicamento MER/29, indicado para redução do colesterol, mas que, como se descobriu, produzia efeitos colaterais, dentre os quais, o surgimento de catarata nos olhos dos usuários. A droga, que fora administrada em aproximadamente quatrocentas mil pessoas, rendeu para o fabricante, Richardson-Merrell, cerca de US$ 7.000.000,00 e gerou 490 casos de catarata relatados.

Os dois julgamentos tornaram-se *leading cases*[20]. O primeiro foi de Roginsky *versus* Richardson-Merrell. O júri condenou a empresa fabricante a pagar

---

19 ANDRADE, André Gustavo Corrêa de. *Dano moral & indenização punitiva*. 2.ed. rev. e ampl. Rio de Janeiro: Lumen Juris, 2009.

20 *Leading cases* são precedentes importantes que se formam na Justiça estadunidense, conforme descrito no capítulo 14 deste livro.

US$ 17.500,00 como *compensatory damages* e US$ 100.000,00 em *punitive damages* ao autor da ação, vítima do efeito colateral do medicamento. Contudo, a Corte de Apelações reformulou a decisão, excluindo os *punitive damages*. A fundamentação principal dessa exclusão, segundo o relator da Corte, foi a de que não havia evidências suficientes de um comportamento do fabricante que proporcionasse ensejo ao estabelecimento de uma indenização de caráter punitivo. Também foi colocado que, em razão da imensa venda do medicamento, haveria a possibilidade de advir um grande número de ações de indenizações de caráter punitivo, o que certamente levaria a empresa à falência. Tal argumento foi bastante contestado na época.

Cerca de dois meses depois, foi julgado o segundo *leading case*, Toole *versus* Richardson-Merrell. Toole, autor da ação, fora vítima de catarata em um dos olhos, como efeito colateral do uso da droga. O fabricante do medicamento foi condenado pelo júri a pagar US$ 175.000,00 de *compensatory damages* pela lesão sofrida pela vítima e US$ 500.000,00 adicionais a título de *punitive damages*, reduzidos estes últimos pelo juiz para US$ 250.000,00.

No julgamento, considerou-se que houve malícia por parte da empresa, que sabia que o produto não era seguro, pois testes realizados previamente em animais teriam demonstrado o desenvolvimento de catarata. Além disso, o fabricante haveria distorcido relatórios submetidos à FDA (Food and Drug Administration) e deixado de advertir os usuários quanto aos riscos inerentes à utilização do medicamento. A Corte de Apelações confirmou os *punitive damages*, rejeitando as razões anteriormente apresentadas no *case* Roginsky.

Assim, o *case* Toole *versus* Richardson-Merrell é considerado um marco na indenização punitiva em situação de responsabilidade objetiva (*strict liability*) pelo fato do produto (*product liability*).

FORD PINTO *CASE*

Esse caso também teve enorme repercussão na mídia estadunidense da época.

Em 28 de maio de 1972, a senhora Gray, acompanhada do jovem de treze anos de idade, Richard Grimshaw, dirigia seu automóvel Ford Pinto por uma estrada do tipo *freeway*, quando o veículo, após uma troca de faixa, repentinamente enguiçou. O carro que vinha imediatamente atrás desviou, mas o seguinte (um Ford Galaxie) não conseguiu evitar a colisão com a parte traseira do Ford Pinto. No momento do impacto, o Ford Pinto pegou fogo e o seu interior ficou tomado pelas chamas. De acordo com o laudo de peritos, o impacto causou ruptura no tanque de combustível, que vazou para o compartimento de passageiros. Ambos os ocupantes do veículo sofreram sérias queimaduras. Quando saíram do veículo, suas roupas estavam quase completamente queimadas. A senhora Gray morreu poucos dias depois, em consequência de uma parada cardíaca causada pelas fortes queimaduras sofridas. O adolescente Richard conseguiu sobreviver após um intenso tratamento e inúmeras cirurgias e tratamentos de pele. Ele perdeu partes dos dedos de sua mão esquerda e parte de sua orelha esquerda, e sua face precisou de vários enxertos extraídos de seu corpo. Grimshaw teve marcas permanentes das queimaduras em todo o corpo.

Os herdeiros da senhora Gray e os familiares de Richard ingressaram na Justiça com um processo indenizatório contra a Ford Motor Company.

O júri condenou a Ford a pagar os seguintes valores: para Richard, a título de *compensatory damages,* US$ 2.516.000,00; para os herdeiros da senhora Gray, a título de *compensatory damages,* US$ 559.680,00; e para ambos, a título de *punitive damages,* o valor de US$ 125.000.000,00.

No entanto, em grau de recurso, o juiz considerou excessivo o valor fixado a título de *punitive damages* e reduziu para US$ 3.500.000,00, o que, por fim, acabou confirmado pela Corte de Apelações da Califórnia.

PARTE 3

RELATOS FINAIS E O DESFECHO

CAPÍTULO 17

PRESIDENTE DA TAM

QUANDO CHEGAMOS A Porto Alegre na terça-feira – um dia após termos folgado na segunda-feira no Rio de Janeiro –, de pronto, na caixa de *e-mail*, já estava a convocação para a nova reunião da Afavitam, no próximo mês.

Era um *e-mail* de Silvia, que, além de informar sobre a reunião, já sugeria voos para estarmos na sexta-feira à tarde em São Paulo, pois haveria nova movimentação.

Fiquei pensando que seria bom, para nós, chegarmos mais cedo, pois precisávamos conversar com as famílias, já que, em razão do ingresso tardio do meu escritório no caso da TAM, necessitávamos de todo o tempo que pudéssemos para abordar os familiares.

Também começamos a telefonar, Vívian e eu, para a lista de familiares que a Raquel havia nos entregado. Eram conversas bem difíceis de se manter. Para muitos, o lado emocional – e com razão – bloqueava o assunto jurídico-indenizatório.

Vívian e eu deveríamos ter bastante habilidade para contornar uma resistência inicial. Apesar de toda a dor, era inevitável o enfrentamento da questão jurídica; não tinha como fugir disso.

De toda sorte, acabei desenvolvendo uma linguagem peculiar para falar com os familiares, de maneira que não os magoasse e, ao mesmo tempo, os fizesse entender toda a questão jurídica. Alguns demonstraram vontade de nos encontrar na reunião da Afavitam, no fim de semana em São Paulo. E assim decorreram os dias, até embarcarmos para São Paulo.

Chegamos ao hotel perto das quatorze horas da sexta-feira. Naquela tarde, já havia começado a movimentação na entrada do corredor que dava para o auditório. O credenciamento já estava sendo efetuado e a movimentação era intensa.

Vívian e eu colocamos rapidamente a mala no apartamento e descemos para o auditório. Já na fila do credenciamento, vimos *seu* Pedro e dona Ligia, pais de André. Vieram conversar conosco e estavam muito abatidos. Eram pessoas introspectivas; só não sei se já eram assim antes do acidente.

Ficamos conversando sobre o que envolvia o acidente. Logo, dona Ligia começou a falar de seu filho André. Contava como ele tinha sido enquanto criança, depois como adolescente. Falou bastante da vida escolar do filho. Relatou que, com treze anos de idade, ele era muito estudioso e responsável, apresentava boas notas e gostava de estudar.

Naquele momento, *seu* Pedro quis começar a contar sobre a vez em que ensinou André a andar de bicicleta, e desatou a chorar. Era muito comovente ver a dor daquele pai cujo filho falecera de maneira tão trágica. Dona Ligia pediu licença, levou *seu* Pedro para um local mais reservado do hotel e tratou de ampará-lo. Ficamos nos olhando, Vívian e eu. Não tinha como não nos afetar.

Pois bem, finalizamos nossa inscrição, pegamos nosso crachá e seguimos circulando pelo ambiente da reunião. Após a primeira, há quinze dias, já éramos rostos conhecidos para boa parte dos presentes; começamos a reconhecer as famílias e sermos também cumprimentados. Vívian conversava com a sra. Nívea, que havia perdido a filha, Cintia; percebi que estavam envolvidas na conversa. Também acabei conversando com outros familiares.

Às dezenove horas, todos se encaminharam para o auditório e se sentaram. O presidente da Afavitam deu início à reunião. Agradeceu a presença de todos, leu toda a pauta prevista para aquele encontro e desejou uma boa reunião a todos, ressaltando os ideais da Associação: vida – verdade – justiça.

Fiquei surpreso quando ele anunciou que o então presidente da TAM estaria presente no sábado à tarde. Realmente, eu não sabia. Sem dúvida, aquele era o tema principal da reunião.

Logo, avistamos Raquel e o pai dela, que ainda não conhecíamos. Após a apresentação do presidente da Afavitam, Raquel e seu pai vieram até nós, e ela falou:

— Oi, Vívian e Eduardo! Que bom vê-los. Este é meu pai, Lázaro.

Estendi a mão para cumprimentá-lo e Vívian fez o mesmo. Era um senhor baixo, de óculos, devia ter uns 65 anos, acredito.

Raquel continuou:

— Vocês estiveram aqui na reunião passada, certo?

— Sim, estivemos – respondeu Vívian. — Você não veio, Raquel?

— Não pude. Tenho uma filha de um ano de idade. E, naquele dia, minha mãe não pôde ficar com ela. Então, não tive como vir.

Lembrei-me de que Raquel havia me dito que tinha uma filha pequena de um relacionamento já desfeito.

Ela continuou:

— E o que vocês estão achando daqui?

— Olha, Raquel, a verdade é que estamos impressionados com tudo o que acontece – respondi. — É como se fosse uma ilha.

O pai de Raquel se manifestou pela primeira vez, perguntando:

— Como assim, ilha?

Respondi, sob o atento e surpreso olhar de Vívian:

— Este é um local, quero dizer, uma situação na qual as pessoas estão vivendo única e exclusivamente esse drama do acidente da TAM. Aqui ninguém fala de futebol ou de política, a não ser aquela relacionada com o acidente. Contar piada, nem pensar. As mulheres não se preocupam em se arrumar com esmero. Todos estão 100% preocupados com as questões envolvidas no acidente, com o inquérito policial que investiga as causas do acidente e com a definição do culpado ou dos culpados. E, vejam, não estou criticando ninguém por isso! Não sei o que faria se eu perdesse um ente querido em um desastre desses! Mas é um mundo à parte! As pessoas choram abraçadas umas às outras. Aliás, a solidariedade entre as famílias é impressionante! Se tem algo de bom nisso tudo, acho que é o sentimento de amizade, de calor humano, de preocupação das pessoas umas com as outras. É realmente muito emocionante! Até faz a gente acreditar no ser humano.

Raquel, o sr. Lázaro e Vívian ficaram muito atentos ao que falei.

E Raquel falou:

— Isso porque você chegou há pouco, Eduardo. Ainda tem muita coisa para acontecer e para você presenciar.

Pensei e falei:

— Só o que vi até aqui já me marcou bastante!

Acabamos saindo do local após essa conversa. Todos comentavam sobre a presença do então presidente da TAM, recém-colocado no posto, David Barioni Neto. Assim, finalizou-se aquela noite de sexta-feira.

Era janeiro e, em São Paulo, isso era sinônimo de muito calor! Para ser mais preciso, era dia 19 de janeiro de 2008, um sábado.

Na manhã seguinte, acordei um tanto agitado. Com base no ocorrido na noite anterior, aquele seria um longo dia!

A reunião estava prevista para começar às nove horas da manhã. Naquele sábado, o hotel estava lotado de familiares, todos novamente com as camisetas brancas estampadas com fotos de seus entes queridos. Era uma verdadeira multidão! No corredor que dava acesso ao auditório, era quase impossível caminhar. Acredito que tinha o dobro de pessoas da reunião anterior.

Na entrada do auditório, vi a família Moreira: o sr. Henrique e seus filhos, Carlos e Thiago (o mais novo). A sra. Claudia não compareceu desta vez. Havíamos nos falado uma semana antes e, assim, tão somente nos cumprimentamos.

Seu Pedro e dona Ligia também já estavam se acomodando.

Logo encontramos os advogados Nelson, Reinaldo e Arnaldo. No meio do aglomerado de pessoas, conversamos rapidamente.

Nelson disse:

— De todas as reuniões que aconteceram, esta é a que tem mais gente. Nossa, está muito cheio.

Vívian e eu novamente nos surpreendemos com a parede do auditório repleta de fotos e cartazes e com os inúmeros cavaletes, tudo com fotografias das vítimas. Eram fotos de jovens moças, jovens rapazes, senhoras, senhores, enfim, pessoas de ambos os sexos, de todas as idades. Embaixo da foto ou ao lado, havia frases semelhantes às das camisetas, do tipo: "nós sempre vamos te amar", "nunca esqueceremos de ti", "a TAM matou meus filhos".

Estava começando a reunião daquele sábado, com foco maior no andamento das investigações das causas do acidente. Os discursos e os trabalhos eram bem coordenados pela diretoria da Afavitam.

Naquela manhã, muitas pessoas falaram em sequência. Em vários momentos, um familiar pedia a palavra (o microfone sem fio circulava entre os presentes), levantava-se e começava a expor suas ideias sobre determinado assunto. Invariavelmente, quem falava começava a se emocionar e acabava aos prantos, sendo consolado por algum conhecido que estava ao seu lado. Muitos pediam o microfone para contar como era seu familiar. Falavam como suas vidas estavam ceifadas sem a presença daquela pessoa.

Nunca mais me esquecerei de uma senhora que perdeu sua única filha e sofreu um derrame, que fez sua boca se entortar quase até a orelha. Relato a história a seguir.

O casal morava em São Paulo e tinha uma filha adolescente. Por convites recebidos pelo pai, mudaram-se todos para Porto Alegre. Decorrido já um breve tempo da mudança, a filha pediu para passar as férias de julho em São Paulo com suas amigas de lá. Após muita insistência, os pais permitiram que ela viajasse para São Paulo para ficar uma semana na casa da família de uma amiga. Justamente no dia 17 de julho de 2007, a adolescente estava viajando para começar seu período de férias em São Paulo. O mais desconcertante é que, por causa do acidente, o casal sentiu remorso por ter realizado a mudança para o Rio Grande do Sul. A esposa culpava o marido. E ambos não aceitavam a realidade de maneira alguma! A mãe ficou completamente abalada e, assim, sofreu um derrame, ficando com sua boca literalmente para um lado da face. É uma reação do corpo ao trauma, parte do estresse pós-traumático.

Conforme Vívian e eu convivíamos com as famílias, íamos tomando conhecimento de suas histórias e seus dramas.

Durante o almoço, conheci um advogado – que iria se tornar um grande amigo e um nome muito respeitável no meio das indenizações –, o Carlos Alberto Menezes. Conversamos bastante e percebi que ele era bem experiente em indenizações por acidente aéreo; inclusive, atuara no outro acidente da TAM, de 1996.

Alberto, como ele pediu que lhe chamasse, contou-me sobre o caso de 1996. O acidente ocorreu no dia 31 de outubro de 1996. O avião Fokker 100 da TAM decolou do aeroporto de Congonhas com destino ao Rio de Janeiro. Caiu 24 segundos depois, cerca de dois quilômetros adiante, sobre oito casas da Rua Luís Orsini de Castro, no Jabaquara, zona Sul da cidade de São Paulo. Morreram 96 pessoas que estavam no avião, entre passageiros e tripulantes, e mais três pessoas em solo.

Por ter atuado como advogado de famílias no processo indenizatório, Alberto disse-me que tudo foi bem complicado. Como sempre, a Justiça foi lenta, além de ter enfrentado inúmeras outras dificuldades.

Após a conversa com Alberto, era o momento de observar atentamente os debates do período da tarde. Por motivos óbvios, estavam todos muito mais agitados naquele dia. Foram feitos muitos relatos das vidas das vítimas, e a revolta era grande por parte dos familiares.

Por volta das dezenove horas, o então presidente da TAM, David Barioni Neto, entrou no auditório. Ele aguardou aproximadamente um minuto e, então, o presidente da Afavitam anunciou a sua presença e o convidou para ir ao "palco", junto dele. David foi caminhando; notamos um homem alto, com quase

1,90 de altura, cabelos grisalhos, que usava óculos e aparentava ter cerca de cinquenta e poucos anos.

Após pronunciar mais algumas palavras, o presidente da Afavitam passou o microfone para David. O então presidente da TAM, que havia sido comandante na própria empresa, afirmou que conhecia muito bem toda a sua estrutura e quis prestar a sua solidariedade às famílias, enaltecendo os sentimentos de pêsames que ele nutria por todos os presentes.

Os familiares estavam tensos. O clima era de grande atenção e em ebulição! Eu percebia o sentimento de revolta no ar.

Contudo, por dever de Justiça, não posso deixar de registrar a coragem de David Barioni Neto. Afinal, ele compareceu para dar alguma explicação – mesmo que não tenha agradado a muitos – e, com essa atitude, entendo que foi um sinal de respeito para com as famílias.

Após esses minutos especiais de introdução, David começou a ficar um tanto hesitante diante de algumas colocações dos familiares. Algumas pessoas contestaram sobre o fato de a TAM não ter autorizado a aeronave pousar em Guarulhos. Essa atitude foi muito difundida na época; ouvia-se a justificativa de que a TAM não autorizara o pouso no aeroporto de Guarulhos em razão dos custos que teria com o deslocamento dos passageiros. David, é claro, negou isso veementemente.

No entanto, já estava estabelecido o debate mais acirrado. Várias outras questões foram arguidas, cada vez mais enfaticamente. Os familiares questionavam como ele podia explicar a capacitação técnica dos pilotos, além da questão do treinamento no uso dos manetes (alavancas que controlam a aceleração do voo) que os pilotos da TAM teriam feito de maneira equivocada (após o pouso do avião Airbus A320, ocorreu o aceleramento da aeronave, em vez da frenagem).

David já estava se esquivando de responder mais objetivamente. Começaram a surgir algumas vaias e apupos para ele. As pessoas estavam se inflando de raiva!

De repente, um pai se levantou de sua cadeira, que estava bem no meio do auditório (com toda a sua capacidade tomada – cerca de 250 pessoas), e bradou:

— Você matou minha filha!

Naquele momento, David olhou direto para o presidente e os diretores da Afavitam. Imediatamente, um dos diretores dirigiu-se até David, pegou o microfone e pediu um pouco mais de calma. Muitos familiares gritavam e exclamavam frases fortes, como "a TAM destruiu minha vida!".

Nesse clima fervoroso, David balbuciou algo para o presidente da Afavitam e resolveu ir embora. Conforme ele caminhava até a porta do auditório, as pessoas ficavam de pé, perfiladas, acompanhando a sua saída, quase no formato de um "corredor polonês". E, claro, com gritos.

Chegava ao fim a mais tensa e forte reunião da Afavitam da qual participei.

CAPÍTULO 18

REUNIÃO EM PORTO ALEGRE

EM UMA QUINTA-FEIRA, doze dias após a conturbada última reunião da Afavitam, eu estava em uma audiência em Camaquã, referente a uma partilha de bens, em uma acirrada separação judicial de um casal bem conhecido no município gaúcho.

Camaquã é uma cidade no sul do estado do Rio Grande do Sul, a cerca de 130 km de Porto Alegre. Sua economia é essencialmente agrícola, cuja base é eminentemente o arroz.

Eu viajava muito para lá. Por isso, muitos colegas de lá, quando me viam, começavam a falar sobre o acidente da TAM. Alguns clientes também comentavam, visto que havia saído uma matéria na televisão com entrevistas minhas e de Vívian.

A audiência em Camaquã teve, também, depoimentos de testemunhas e foi longa; começou às treze e trinta e foi até às dezesseis horas daquela quinta-feira. Saí bastante cansado daquele verdadeiro embate.

Após conversar com Laura, minha cliente, e mais duas testemunhas, me despedi e fui deixando o foro para trás.

Tirei o paletó e entrei no meu carro. Por ser uma tarde de janeiro no Rio Grande do Sul, era como se estivesse dentro de um forno. A temperatura era de 32°C, mas a sensação térmica era de 40°C.

Na estrada, retornando para Porto Alegre, fiquei pensando nos acontecimentos da última reunião da Afavitam, de doze dias atrás. Ainda estava impressionado com tudo o que havia presenciado naquele sábado.

Lembrei-me de que, assim que o então presidente da TAM, David Barioni Neto, saiu do hotel, os familiares se aglomeraram em pequenos grupos no *hall* do hotel para debater tudo o que havia acontecido. Muitos familiares com quem eu tinha conversado estavam exaltados. Eles não se conformavam com o fato de a aeronave Airbus A320 da TAM não ter alterado seu pouso para o aeroporto de Guarulhos. Muitos também acharam que o então presidente da TAM não havia sido objetivo nas respostas às indagações. Outros familiares, que haviam ficado na parte de fora do hotel, estavam emocionados, chorando! Aquela tarde sensibilizou demais todos os presentes.

Pois bem, no fim de semana seguinte à quinta-feira em Camaquã, a reunião da Afavitam seria em Porto Alegre, no auditório do Hotel Embaixador. Seria a primeira em Porto Alegre, após sete meses do acidente.

Na sexta-feira à tarde, fui ao hotel, a fim de ver os preparativos e tentar progredir nos contatos. Muitos familiares começavam a chegar, mesmo que a programação começasse apenas no sábado de manhã. Impressionei-me com o número de pessoas que estavam hospedadas para o evento: mais de 120 hóspedes confirmados! Nunca pensei que viriam tantos. O auditório do Embaixador era imenso e o pessoal da Afavitam já iniciava a montagem do cenário com os inúmeros cartazes e cavaletes.

Falei com muitos que estavam lá, inclusive, com a diretoria da Afavitam. Era a terceira reunião de que Vívian e eu participávamos e já nos sentíamos mais entrosados com as pessoas. Embora as reuniões ocorressem somente a cada quinze dias, a convivência era muito intensa. Com isso, Vívian e eu havíamos nos aproximado de muitos familiares, com os quais desenvolvemos, gradativamente, uma relação de amizade.

Encontramos momentaneamente *seu* Pedro e dona Ligia.

Estava presente também Carlos Moreira, irmão de Simone.

Resolvi convidar Carlos para jantar em um restaurante. Já me considerava amigo da família. De pronto, Carlos aceitou. Ele trocou de roupa e, então, passamos para pegar Vívian. Sugeri algumas opções e Carlos optou por um lugar em que pudéssemos conversar mais à vontade.

Fomos a um bar mais discreto e não muito barulhento. Bebi um chope e comecei a falar um pouco da cidade. Precisávamos quebrar o gelo. Vívian também iniciou outros assuntos mais triviais, mas, é claro, o inevitável logo veio à tona: a vida de Simone!

Carlos falou:

— Sabem, Vívian e Eduardo, até hoje não há um dia sequer que não me lembre da minha irmã.

Seus olhos estavam ficando marejados. Ele tomou o resto do chope e, com a voz já embargada, prosseguiu:

— Eu amava a Simone! Nem eu sabia que a amava tanto!

Naquele momento, as lágrimas escorreram no rosto de Carlos. Vívian e eu nos olhamos e também estávamos nos emocionando. Ele queria falar. Percebi que ele precisava desabafar. E continuou:

— Juro, não é porque é minha irmã, mas ela era bonita, uma linda garota! Era inteligente, era uma amiga para mim! Sempre se preocupando comigo, aliás, com todos da família.

Carlos estava visivelmente em profunda imersão na memória de sua irmã. E continuou desabafando, tentando ter um pouco mais de controle emocional; tanto é que colocou a mão no rosto para enxugar as lágrimas.

Foi quando Vívian falou:

— Pode se sentir à vontade para nos contar sobre Simone, Carlos. Desabafe! Chore! Você está entre amigos!

Carlos retomou sua fala:

— Está bem, Vívian. Obrigado. Sabem o que está me deixando ainda mais angustiado?

Fizemos sinal de interrogação com a cabeça, Vívian e eu. Carlos continuou:

— Meu pai está péssimo! Está muito deprimido! Fico com medo de que aconteça alguma coisa com ele. Sei que ele chora todos os dias! Às vezes, mais de uma vez. E fico preocupado, pois estou no Rio de Janeiro e ele, em Campos.

— Ele não tem mais ninguém que o ajude? – perguntei.

Carlos respondeu:

— Tem a Claudia, mulher dele, e meu irmão, que é adolescente, como você viu. Mas ele não se abre...

Foi quando falei:

— Entendo.

Carlos continuou:

— Estou sabendo, pela nossa empregada de Campos, que é como se fosse da família, que meu pai não está comendo nem dormindo.

Fiquei aflito com o que ouvi. E fiquei pensando no sr. Henrique. Então, comentei:

— Olha, Carlos, é muito triste essa situação. Terrível! Sua família toda deveria fazer terapia. Ajuda muito.

Carlos balançou a cabeça e disse:

— Pois é, têm famílias que estão fazendo. Vou me informar.

E eu disse:

— Pelo que sei, é a TAM quem paga. Você, seu pai e mesmo seu irmão menor deveriam fazer. Veja isso!

Carlos respondeu:

— Vou ver mesmo... Talvez seja uma boa ideia.

Após comermos e conversarmos mais um pouco, saímos do bar e deixamos Carlos no hotel.

Vívian e eu ficamos muito penalizados com o que ouvimos. Definitivamente, concluímos que é impossível não se envolver emocionalmente com esses clientes em específico, ainda que sejamos profissionais e saibamos que não é recomendado o envolvimento emocional do advogado com o cliente. Na teoria, até pode ser. Mas, na prática, somos todos humanos e temos sentimentos.

***

A REUNIÃO DA Afavitam em Porto Alegre começou às nove horas de sábado. A pauta mantinha alguns assuntos já permanentes, como o andamento do inquérito policial, a contratação de um advogado para acompanhar esse inquérito, dentre outros.

Entretanto, desta vez, havia um tópico novo muito significativo: a importância do acompanhamento psicológico para os familiares das vítimas. Eu fazia terapia na época e havia comprovado seus benefícios, portanto, era amplamente favorável a tal procedimento.

No momento da discussão sobre esse tema, uma psicóloga fez uma ampla e interessante explanação sobre o que o estresse pós-traumático causa no emocional da pessoa. Falava, com eloquência, da necessidade que o ser humano tem de desabafar, colocar para fora aqueles sentimentos da dor da perda de seu ente querido. Era necessário chorar!

Isso me marcou para sempre. Aliás, esse foi um dos tantos ensinamentos que aprendi com o acidente da TAM e que carregarei para o resto da minha vida. Chorar é preciso! Isso pode parecer simples, mas não é. Muitos guardam para si a dor emocional da perda; não a colocam para fora. Fazem isso ou por serem mais introspectivos, ou por terem vergonha de demonstrar a dor, ou, ainda, por quererem disfarçar a dor – por exemplo, camuflam a dor na frente dos filhos, a fim de se mostrarem fortes e, assim, passarem a ideia, aos demais de seu núcleo familiar, de que estão superando as dificuldades, quando, na verdade, estão morrendo por dentro. Fiquei convencido de que a terapia é fundamental para quem sofre um trauma. Aliás, entendo que todos deveriam fazer terapia. Garanto que a sociedade seria menos conflituosa.

Diria que, nessa reunião de Porto Alegre, o clima estava um pouco mais reflexivo. No mínimo, não havia aquela atmosfera nervosa e tensa da anterior, que girara em torno da presença do então presidente da TAM.

Vívian e eu conversamos com muitos familiares. Ressalto que, novamente, a esmagadora maioria estava com as camisetas brancas que traziam a foto de seu familiar falecido no acidente e a frase acompanhando. E, claro, o auditório do hotel de Porto Alegre também estava repleto de cavaletes e cartazes com fotos e dizeres, assim como em São Paulo.

Conheci uma família diferente das demais: eram todos irmãos homens. A vítima era um desses. Não havia esposa ou filhos. Eles eram extremamente unidos e ficavam muito tempo juntos durante as reuniões. Todos usavam a camiseta branca com a foto do irmão falecido no acidente.

Vívian e eu também conhecemos a família de um pastor chamado Luiz Antonio Rodrigues da Luz. E esse é um caso à parte, que, aliás, ficou bem conhecido, como exponho a seguir.

Alguns meses antes da tragédia, em abril de 2007, o pastor, em um de seus cultos[21], relatou um sonho que tivera, no qual apareciam muitos corpos mortos e dilacerados, enrolados. Esse relato realmente impressiona, pois, no local do acidente, os corpos das vítimas estavam lado a lado, conforme a descrição que ele fizera de seu sonho.

Os familiares do pastor também eram muito unidos; pessoas simples e muito afáveis. Comumente, além de vestirem a camiseta com a estampa do rosto do pastor, estavam sempre presentes em bom número de integrantes (cerca de dez) e choravam frequentemente. Notamos também que, em quase todas as reuniões, a previsão do pastor Luiz circulava entre os familiares e sempre impressionava muito. Até mesmo eu assisti muitas vezes ao vídeo; ele certamente passa uma sensação de previsão.

---

21 Ver no YouTube: https://www.youtube.com/watch?v=fPMfuJ4GH3w. (destaque: 4min20s). Acesso em 29 jan. 2024.

Nesse cenário – bem menos tenso que o anterior –, os debates tomaram o dia todo de sábado e a manhã de domingo, sendo cumprida a pauta proposta. Ao final, foi estabelecida a data da próxima reunião: aconteceria dali a uma semana.

CAPÍTULO 19

OS ADVOGADOS NA REUNIÃO

ATÉ QUE CHEGOU a sexta-feira, dia de mais uma viagem a São Paulo, para comparecer a mais uma reunião da Afavitam.

Aquela seria diferente, pois haveria um componente novo. Estava agendado um debate a respeito dos procedimentos judiciais adotados. Inclusive, os advogados estadunidenses viriam para esclarecer o andamento da ação judicial nos Estados Unidos. Também era esperada a presença de um representante do Ministério Público, que explicaria o funcionamento da Câmara de Indenização, a qual estava sendo criada naquele momento, especificamente para o acidente da TAM.

A reunião, que aconteceu em meados de fevereiro de 2008, começou justamente pela apresentação da Câmara de Indenização, que foi concebida pela Defensoria Pública, pelo Ministério Público e pela Fundação Procon, todos do estado de São Paulo, e pelo Departamento de Proteção e Defesa do Consumidor da Secretaria de Direito Econômico, vinculado ao Ministério da Justiça.

Graças a esses órgãos citados, foi instituído um Termo de Compromisso da TAM perante os familiares, que previu as obrigações preliminares da companhia aérea, fixando garantias mínimas de assistência em favor das famílias vítimas do voo da TAM.

Como o acidente da TAM está inserido na responsabilidade objetiva do transportador, prevista no Código do Consumidor, a responsabilidade é, portanto, da empresa aérea. Seria discutido apenas o *quantum* para cada família.

Esse Termo de Compromisso, assinado pela TAM e por quem aderiu ao programa da Câmara de Indenização, assegurou que a companhia aérea providenciaria às famílias: reembolso das despesas com funeral e jazigo, traslado de corpos, assistência inicial básica, disponibilidade de tratamento psicológico, adiantamento de valores de urgência (a serem descontados quando do pagamento final da indenização) e despesas das reuniões da Afavitam (em esquema de consignação). Quanto às despesas dos encontros da Afavitam, estavam inclusas as diárias de hotel para os familiares cadastrados no hotel do evento, as respectivas viagens para aquele fim e as refeições durante o evento.

O Termo de Compromisso também criou um serviço permanente de atendimento telefônico (0800-) e um *website*, que seria uma grande fonte de informação.

A proposta era uma solução alternativa de resolução de conflito, que, já naquela época, era uma tendência mundial. A quantidade imensa de processos abarrota o Poder Judiciário há muito tempo; então, a Câmara de Indenização do voo JJ 3054 tinha como objetivo estabelecer uma relação extrajudicial entre as famílias, a TAM e sua seguradora, fixando parâmetros para a indenização.

Obviamente, cada caso tem variação de valor, pois o dano material é medido de acordo com o que a vítima recebia de salário (renda) na época. Na verdade, o cálculo contempla a idade do falecimento e o tempo que falta para completar a expectativa de vida (pela tábua do IBGE [Instituto Brasileiro de Geografia e Estatística]).

Já o dano moral é subjetivo, pois é impossível medir ou converter em valores a dor da mãe que perde o filho! No entanto, para fins de indenização, é atribuído um valor para essa incomensurável dor. Embora houvesse muitas divergências na jurisprudência da época (e de hoje também), foi balizado um valor de dano moral para o(a) filho(a) que perde o pai (a mãe), o pai (a mãe) que perde o(a) filho(a), o irmão(ã) que perde a irmão(ã) e assim por diante.

Esse sistema foi inspirado, certamente, no mais traumático acidente que o mundo viu, o "11 de Setembro", quando as torres gêmeas estadunidenses foram tombadas por terroristas em posse de aviões da American Airlines.

Nesse terrível atentado terrorista, morreram 2.753 pessoas, e, então, foi constituído o September 11th Victim Compensation Fund of 2001, que teve a participação do Estado e êxito em cerca de 93% dos casos.

Pois bem, a manhã do sábado foi tomada pela exposição desse sistema de Câmara de Indenização. Saímos do salão, Vívian e eu, com lentidão, pois conversávamos com as pessoas acerca do que havia sido exposto. Como era um assunto jurídico, muitos familiares queriam saber a nossa opinião a respeito dele.

Quando adentramos o salão do almoço, não havia mesa com lugares vazios. Esperamos em pé, na entrada. Olhei para o lado e vi um casal, que também aguardava por um lugar. Era um homem alto, grisalho, junto com uma moça mais baixa e mais jovem, morena e com traços indígenas. Senti que o homem estava um pouco agitado, e a moça tentava conversar com ele. Mais atrás, avistei um homem, de terno e gravata, sozinho.

Após uns quinze minutos de espera, o *maître* do restaurante nos conduziu para uma mesa redonda, relativamente grande para nós cinco que aguardávamos – Vívian e eu, o casal e o homem de terno. Sentamo-nos e o garçom tirou o pedido das bebidas (a comida era servida em um *buffet*). Reparei que o senhor que estava junto da moça com traços indígenas se indispôs com o garçom. O homem de terno tentou acalmá-lo. Então, o senhor olhou para o homem de terno e falou, em tom meio ríspido:

— Não se meta na minha vida! Acha que sou louco? Não foi você que perdeu dois filhos, uma neta e um genro no acidente!

Fiquei sem ação! Vívian olhou para baixo como se não conseguisse segurar o olhar. O rosto do homem de terno ruborizou-se de imediato e, alguns segundos depois, apenas balbuciou umas poucas palavras, em um volume bem baixo:

— Senhor, desculpe-me.

Em seguida, o senhor e a moça se dirigiram à mesa do *buffet*, que ficava no centro do salão, mas relativamente longe de onde estávamos. O homem de terno olhou para mim e Vívian e disse:

— Mas como eu poderia adivinhar?

Vívian resolveu responder, enquanto ela e eu nos levantávamos para ir ao *buffet*:

— Pois é...

O homem pareceu desconcertado e disse:

— Vou ver outra mesa... é melhor.

Ficamos à mesa, portanto, os quatro. Passados alguns minutos, resolvi puxar conversa. Com certo receio, comecei:

— Meu nome é Eduardo. Esta é a Vívian. Somos advogados de Porto Alegre.

O senhor mirou-me profundamente. A moça parecia mais compreensiva e respondeu:

— Olá, sou Maria e ele é João Carlos. Moramos em Manaus.

Vívian deu continuidade:

— Ah, sim. É a primeira vez que vemos vocês na reunião. Já vieram outras vezes?

Maria respondeu:

— Viemos, sim, mas não participamos muito das reuniões, não. O João fica mais distante...

Foi quando resolvi colocar:

— Vocês são de Manaus mesmo?

João Carlos, mais calmo, após ter tomado duas cervejas, falou:

— Sou do interior de São Paulo, Varzinha, e a Maria é de Manaus.

E dei continuidade à conversa.

— Vocês se conheceram em Manaus?

João respondeu:

— Sim. Fui a trabalho para Manaus e conheci Maria há cinco anos. Temos dois filhos.

— Que legal, hein, João! – comentei.

E continuamos conversando.

No momento em que João se ausentou para ir ao banheiro, Maria resolveu contar mais, pois havia se entrosado com Vívian ao longo do almoço. Ela disse:

— A verdade é que João está revoltado em razão da perda que teve! Ele não se conforma de ter perdido a filha, o filho, a neta e o genro! É claro, ele adorava o genro também. Todo mundo junto... Foi demais para ele!

Vívian falou:

— Meu Deus!

Então, comentei:

— E quanto à indenização?

Maria respondeu:

— Nada. Ele já falou com alguns advogados, mas não se decidiu. Ele se irrita quando fala sobre esse assunto.

Quando João retornou à mesa, tomamos um café e conversei mais um pouco com ele. Convidei-o para assistir aos debates da tarde e ele disse que iria.

Especialmente para o encontro desse fim de semana em questão, vieram os advogados dos escritórios estadunidenses Masry & Vititoe e Podhurst Orseck, para fazerem um discurso. Desde que estivemos nos Estados Unidos, não havíamos conversado de novo, pessoalmente, com George, Jim e Ricardo.

Eles estavam bem sérios desta vez – e, obviamente, acompanhados do tradutor Wilson.

Assim, à tarde, no auditório, houve a explanação dos advogados estadunidenses. Primeiramente, o dr. Ricardo expôs sobre a técnica da ação judicial que seria interposta em Miami. Eu já estava cansado de tanto ouvir. Em seguida, George contou sobre os casos de acidente aéreo em que já havia atuado ao redor do mundo. Realmente, foram várias tragédias aéreas em diversas regiões. Segundo o próprio George, ele, juridicamente, levava o processo para os Estados Unidos porque lá os valores das indenizações eram mais altos. Por último, Jim Vititoe falou de maneira rápida. Percebi que ele não gostava muito de falar em público. Atuava mais na esfera pessoal.

Logicamente, as pessoas fizeram muitas perguntas. As dúvidas e as desconfianças eram comuns entre os familiares, o que era normal.

Nos ambientes de morte e tragédia, nos quais se avança muito em como ganhar mais por meio de determinada ação judicial, o clima fica quente. Na verdade, as pessoas, ao final, já estão extenuadas, em frangalhos! E, naquele encontro, na palestra da manhã, foram discutidos assuntos sobre dinheiro e sobre as Câmaras de Indenização, e na da tarde, sobre a indenização via Justiça estadunidense.

Por fim, a reunião foi encerrada sem cumprir todo o seu objetivo. A dosagem entre dinheiro, ação judicial e logística jurídica foi exaustiva demais para aquele público. O presidente da Afavitam retomou a palavra e considerou encerrada a reunião do sábado – mesmo não tendo sido como desejara.

As pessoas estavam um tanto bravas com a situação demonstrada naquele dia. Na verdade, elas tinham uma certa tolerância em falar de processo judicial, de receber dinheiro pela morte do falecido.

Depois que todos saíram do salão, Vívian e eu fomos conversar com os estadunidenses. Eles estavam um tanto surpresos com a situação de contestação e também com os protestos e as interrogações sobre o êxito do processo. Após falar com Ricardo e George, percebi que eles não estavam muito acostumados a serem contestados em suas teses.

Do *hall* do hotel, avistei João Carlos no bar. Ele acenou com a mão e me chamou. Fui até ele. Era um balcão pequeno, com algumas mesas também pequenas na frente. Ele estava na mais distante, bebendo uma cerveja. Falou:

— Sente aí, Eduardo. Tome uma comigo.

— Claro, vamos lá.

E João foi falando:

— Então, você é de Porto Alegre?

— Sim.

— E como você entrou nessa? – perguntou João.

Contei toda a história desde o começo. Ele estava gostando, percebi.

Após beber algumas cervejas, ele me encarou, sério, e disse:

— Digo, Eduardo, que ninguém perdeu mais do que eu! Não tenho mais a minha filha, o meu filho, o meu genro, nem a minha netinha!

E logo começou a chorar. As lágrimas estavam correndo no seu rosto. Ele tentava secar com o guardanapo da mesa.

Comentei, meio sem jeito:

— Lamento muito, João.

Ele continuou:

— E o Cesar, meu genro, era como um filho para mim! Lembro-me dele chegando lá em casa para pegar Silvana para sair. Era um casal muito bonito.

Os olhos dele estavam ficando mais vermelhos e marejados. E, então, João me contou um fato que me marcou profundamente e que jamais esquecerei. Ele fixou de maneira incisiva o olhar em mim e disse:

— Você sabe como morreram meus meninos? [assim é que ele chamava os seus entes queridos.]

Fiz sinal negativo com a cabeça.

João continuou:

— Os três morreram de mãos dadas! Estavam lado a lado. Naqueles segundos em que o avião percorreu a pista, os três, meu genro, minha filha e minha netinha de três anos, deram-se as mãos. E assim morreram! O meu menino, que estava na fileira ao lado, ofereceu a mão para o meu genro.

Ouvir aquilo foi estarrecedor! Consegui apenas estender meu braço e colocar no ombro de João. Foi um dos depoimentos mais fortes que ouvi no período em que estive atuando no acidente da TAM.

CAPÍTULO 20

ACORDO I

NESSA ÉPOCA, PARECIA que o tempo voava. Os meses passavam muito rápido. A intensidade com que eu vivia a situação da TAM – viagens para as reuniões e para visitar clientes, incontáveis ligações e um universo de *e-mails* – acabava em me ocupar mentalmente, e não me dava conta dos dias que se iam.

Vívian e eu, em dois anos de trabalho juntos, perdemos as contas de quantas pontes aéreas fizemos para São Paulo.

O momento, agora, requeria total atenção ao desenlace jurídico do processo estadunidense, além do andamento na Câmara de Indenização e dos acordos isolados de famílias com um ou outro advogado.

O inusitado é que, juridicamente, o que menos aconteceu foi o ingresso de ação judicial na Justiça brasileira. Parece mentira, mas é a mais pura verdade! Pouquíssimas famílias entraram com a ação no Brasil, o que demonstra a grande falta de credibilidade em nosso Poder Judiciário.

No dia 21 de agosto de 2009, uma sexta-feira, quando estávamos em São Paulo para mais uma das reuniões da Afavitam, recebemos a notícia da ação na Justiça estadunidense. A juíza da causa, Marcia G. Cooke, da United States District Court, Southern District of Florida, Miami Division, proferiu o *forum non conveniens*, ou seja, ela entendeu que a causa deveria ser julgada no Brasil, local dos fatos. Essa notícia foi um *tsunami* negativo. Como seria possível?

Ao saberem disso, na própria sexta-feira, os clientes que não estavam em São Paulo não paravam de nos telefonar. E os que já estavam presentes no hotel vinham afobados até nós – os três escritórios: da Raquel, do Nelson e meu.

Ficamos atônitos! Não parecia ser verdade! Então, fizemos uma breve reunião entre nós, ainda naquela noite, pois o assunto tinha explodido de tal maneira que não tínhamos como controlar. Então, decidimos ligar para George. Embora não fosse advogado, era o mais acessível.

Ele parecia relativamente calmo. Durante a conversa, veio à tona a nossa necessidade de que algum deles viesse imediatamente a São Paulo.

Eu, aliás, sempre dizia que os clientes procuravam por mim aqui no Brasil. Se algo desse errado, era até mim que eles viriam. Afinal, quem iria até Miami, na Flórida, buscar alguma explicação?

George compreendeu, de imediato, a urgência. Pediu uma hora para nos dar uma resposta. Ficamos aguardando, sentindo uma mistura de angústia e ansiedade. Quando George nos telefonou de volta e informou que Jim e ele estariam no hotel no final da tarde de sábado, a fim de dar as devidas explicações, nos tranquilizamos.

Após finalizarmos essa breve reunião, todos comunicamos aos respectivos familiares que haveria uma reunião, no fim da tarde de sábado, para discutir a questão. Os clientes sentiram-se valorizados.

Vívian e eu quase não dormimos naquela noite. Estávamos preocupados, é lógico. Não apenas eu, todos! Pensei: "Meu Deus, não é possível que, depois de tudo o que já passei, este projeto dê errado! Não pode ser!".

***

NO SÁBADO, LOGO após o horário de almoço, George e Jim chegaram ao hotel. Os dois vestiam belos ternos, mas apresentavam rostos cansados de quem havia viajado a noite toda, pois tinham vindo de Los Angeles – bem mais longe do que de Miami. Contudo, transmitiam bastante confiança no desfecho do processo.

O burburinho de comentários era grande entre os familiares. Por volta das dezessete e trinta, em outro salão – não naquele em que havia ocorrido a reunião da Afavitam –, aconteceu o nosso encontro.

Wilson, o tradutor, fez a introdução. Ressaltou que George e Jim viajaram a noite toda para estarem presentes e prestarem os devidos esclarecimentos. Jim Vititoe pegou o microfone, de maneira firme, e começou a fazer um arrazoado discurso do que havia ocorrido. Ele explicou tudo o que já havia acontecido até o momento, o trâmite completo do processo e, lógico, a decisão da Corte.

Em síntese, explicou que era possível a juíza não ter autorizado, naquele primeiro momento, que o processo permanecesse nos Estados Unidos, porque, em razão de uma ótica equivocada, ela não considerara o fato de ter um estadunidense no voo. Esse fato era o ponto forte da tese para que o processo fosse julgado em Miami. Após minuciosas explanações, Jim afirmou que tinha certeza de que, em grau de recurso, a ser protocolado em quinze dias, a decisão seria revertida.

Em seguida, disponibilizou-se para perguntas dos presentes, o que não foi fácil! Havia uma desconfiança generalizada, afinal, a primeira decisão do processo havia sido totalmente negativa. Muitas perguntas foram agressivas e bastante ásperas. Na medida do possível, sempre com a excelente tradução de Wilson, Jim era objetivo e respondia sem usar de subterfúgios; isso era visível. As famílias adoravam a maneira de ser do Jim e foram se acalmando.

Depois, foi a vez de George. O clima já não estava tão pesado. Ele era um homem elegante e falava com mais retórica do que Jim. Começou contando da sua experiência com outros acidentes aéreos em que atuou, dentro e fora dos Estados Unidos. Falou sobre o recurso e como, em muitos casos, as decisões são modificadas, e por aí afora. Também recebeu perguntas duras. E, então, em um certo momento, ele disse algo novo, que trouxe um sentimento positivo nas pessoas. George falou em possibilidade de acordo!

Olhei para Vívian, e todos nós, os advogados brasileiros, nos observamos.

Wilson traduzia o que George falava com bastante cuidado. Em outras palavras, ele deixou claro que estava sendo construído um acordo com a TAM ou com sua seguradora. Muitos quiseram indagar sobre valores, principalmente; mas George firmou sua palavra no sentido de que todos aguardassem o desfecho e que não se incomodassem tanto com a decisão de *forum non conveniens.*

Após aquele encontro, os sentimentos renovaram-se! Tinha sido um sábado lotado de emoções. Estávamos todos exaustos. O cansaço era físico e mental.

George convidou todos para jantar na churrascaria Fogo de Chão, na avenida 23 de Maio, região nobre de São Paulo. Fomos eu, Vívian, Raquel, Nelson, Reinaldo, Arnaldo, Wilson, Jim e George. Os estadunidenses apreciavam muito aquele rodízio de carnes. Realmente, era muito bom! O garçom trazia à mesa verdadeiras iguarias e na quantidade que pedíssemos.

No restaurante, depois que tiramos os casacos, afrouxamos as gravatas e bebericamos uma saborosa caipirinha, Jim falou:

— Acalmem-se. Sei que a notícia foi ruim. Haverá recurso. E será bom. Mas, antes disso, acho que faremos um acordo para todas as 77 famílias.

Foi exatamente essa a tradução de Wilson.

George também falou, é claro. Deu o tom de que o acordo sempre havia sido o objetivo daquele caso. Aliás, lá no início de tudo, ele já havia frisado isso de maneira enfática.

Acabou sendo uma noite agradável, na qual conversamos até tarde. Se nos lembrássemos de como havia sido o dia anterior e de tudo o que passamos quando saiu a decisão da juíza estadunidense, aquela sensação seria inimaginável.

CAPÍTULO 21

TESTEMUNHAS NOS ESTADOS UNIDOS

A PROPOSTA E a ação nos Estados Unidos angariaram, ao todo, 77 famílias. Foi um bom número, já que o total era de 199 vítimas. Portanto, atingiu quase 40%.

O processo ingressou na Justiça dos EUA, mais precisamente de Miami, com as 77 famílias sendo lideradas pela família estadunidense de Michael Green, o executivo bancário que estava no voo.

Agora, era o momento de ouvir as testemunhas. Era setembro de 2009, e, embora os acordos já estivessem estabelecidos, o processo deveria prosseguir – especialmente a escuta das testemunhas –, em razão de os pagamentos ainda não terem sido consumados.

A informalidade do sistema jurídico estadunidense, característica do *common law*, propiciou que fossem ouvidos os depoimentos das testemunhas no escritório de advocacia Podhurst Orseck.

Nas ocasiões dos casos dos meus clientes, viajei para os Estados Unidos, a fim de estar presente e acompanhar tudo mais de perto. Compareci, por exemplo, aos depoimentos de João Carlos e Maria e da família Moreira.

Nos atos, compareciam um servidor da Corte, que digitava todo o conteúdo do depoimento, ou seja, prestava fé pública, como chamamos no nosso ordenamento; e um representante da parte contrária. Todos se acomodavam diante de uma mesa comprida. O(a) depoente sentava-se no centro de um dos lados da mesa e começava a responder às perguntas. É evidente que, por questões éticas, não cabe aqui relatar o conteúdo dos depoimentos.

O que vale ressaltar, em breves palavras, é que, da maneira em que foi feito, o ato transcorreu sem prejuízo algum para o processo. Todos os depoentes puderam se programar e tudo funcionou muito bem. É verdade também que se viajava em um dia e se retornava no outro ou, quando muito, pernoitava-se, no máximo, duas vezes.

Notei que os clientes ficavam um tanto nervosos no período de depoimentos. As lembranças voltavam com muito mais força! Também ressalto que nem todos os clientes foram depor; muitos se recusaram, como dona Ligia e *seu* Pedro. Para muitos familiares, toda vez que entravam em um avião, as recordações se afloravam.

Adicionalmente, registro aqui, embora em poucas palavras, que foi uma experiência incrível no campo profissional participar da ouvida de testemunhas em um escritório de advocacia estadunidense. Além das emoções envolvidas, foi uma proficiência inovadora e extremamente produtiva. E ainda, no pouco tempo que sobrou, aproveitei para visitar a Corte do estado da Flórida.

CAPÍTULO 22

ACORDO II

APÓS AQUELE SÁBADO memorável – poderia chamar assim –, Vívian e eu retornamos a Porto Alegre.

Hoje, quando me recordo daqueles dias, percebo que não haveria como fugir da realidade da época. Era verdadeiramente impossível voltar à rotina de dois anos atrás, com a qual estava acostumado em Porto Alegre!

Os processos do foro central da cidade, os de Camaquã, os clientes de Direito de Família e tudo o que cercava minha vida anterior ao acidente da TAM pareciam não fazer mais sentido, confesso. Sentia-me 100% consumido pelo acidente da TAM.

O universo de acontecimentos na esfera jurídica, acompanhado por tudo o mais, como a vida das pessoas, as reuniões tensas, o drama das famílias, a ansiedade, e pela tensão para que o processo dos Estados Unidos funcionasse, contribuiu muito para que me preocupasse diariamente com o seu desfecho.

Eu me perguntava: "E se der errado a ação nos Estados Unidos, o que diria para os meus clientes? E se o recurso não for exitoso em relação à decisão do *forum non conveniens*?!".

E assim eu levava os dias e as noites...

Até que, decorridos vinte dias da reunião "memorável", fui convocado para ir a São Paulo com urgência, para falar com Jim e George, pois eles estavam lá para explicar as condições do acordo.

Quando Silvia me informou isso, senti um alívio na minha alma! Imediatamente, fui à sala de Vívian e lhe contei a novidade. Era uma quinta-feira, e a reunião com Jim e George seria na sexta-feira.

Em seguida, as passagens para mim e Vívian chegaram por *e-mail*. Viajaríamos na sexta-feira de manhã e, desta vez, ficaríamos em um hotel na avenida Engenheiro Luís Carlos Berrini, próximo de onde George e Jim estariam hospedados.

Assim, na manhã seguinte, embarcamos, cheios de expectativa. Pousaríamos no aeroporto de Congonhas. E devo confessar, aqui, as minhas sensações durante esse voo, especificamente.

Na medida em que o avião se aproximava da pista de pouso, eu pensava nas pessoas que estavam no Airbus A320, voo JJ 3054, do dia 17 de julho de 2007. Tentei imaginar o que elas sentiram. O medo quando o avião pousou. Os gritos quando perceberam que a aeronave não estava freando. Desde o pouso do avião até o choque no prédio da TAM, foram quatorze segundos. O que deve ter passado na mente daquelas pessoas... Que desespero! E no exato instante que o avião em que eu estava tocou a pista de Congonhas, veio à minha cabeça a imagem dos três meninos de João dando-se as mãos! Que angústia!

Olhei para Vívian e a encontrei tensa. Agarrei a mão dela. Notei em vários passageiros um olhar nervoso. Aposto o que algumas pessoas mentalizam quando um avião pousa em Congonhas: a lembrança da tragédia. E presumo como deve ser para os familiares das vítimas andar de avião... Ainda mais quando o voo pousa em Congonhas. A dor deles jamais cessará!

Após essa tensão, desembarcamos e, finalmente, chegamos ao hotel designado, o Gran Estanplaza Berrini. Era bem mais elegante e chique do que o das reuniões da Afavitam – e ressalto que, obviamente, estava sendo pago pelos estadunidenses. O bairro em que estávamos é uma região nobre da capital paulista; na mesma quadra do hotel que ficamos, há outros três hotéis de luxo, inclusive, o Hilton, no qual estavam hospedados Jim e George.

A nossa reunião estava agendada às dezesseis horas no Hilton. Para passar o tempo, Vívian e eu almoçamos e passeamos no shopping D&D, também localizado no mesmo quarteirão do hotel em que estávamos. Sentíamos uma grande expectativa, bem como agonia e preocupação, por causa da decisão do *forum non conveniens*.

Na hora marcada, dirigimo-nos ao Hilton. O ambiente da reunião estava muito luxuoso; havia um *buffet* de frios e quitutes para um requintado chá da tarde. Estávamos todos lá. Raquel e seu pai; Nelson, Reinaldo e Arnaldo; Vívian e eu; Jim Vititoe, George Hatcher, Wilson e uma secretária hispânica para ajudar. Havia também mais três pessoas que ajudaram os estadunidenses nos primeiros movimentos no Brasil e que, agora, para a minha surpresa, estavam ali.

Desta vez, foi George quem começou a falar. Explicou, pausadamente, que o acordo estava em gestação havia cerca de quase três meses e que tinha sido um grande esforço atender às 77 famílias. Ressaltou que o acordo nunca satisfaria as expectativas das famílias, pois, na verdade, o que elas queriam era seus entes queridos de volta. Entretanto, ele entendia que, pelo curto tempo em que o acordo fora obtido [o acordo aconteceu em agosto de 2009 – *grifo do autor*] e pelo valor bem aceitável, ainda mais quando comparado com a Justiça brasileira, o trabalho de todos podia ser considerado excelente. Também agradeceu bastante a colaboração e o empenho de todos. "Sem isso, não haveria êxito", segundo as palavras de George – tudo traduzido por Wilson.

Após cerca de vinte minutos da fala de George, foi a vez de Jim. Ele aparentava não ter dormido, ao menos não na última noite.

Como lhe era peculiar, enalteceu a parceria e agradeceu a todos, citando um por um dos ali presentes. Depois, Vititoe começou a explicar como alcançaram o valor indenizatório para cada uma das famílias. Explicou bastante, com diversas e necessárias intervenções de George. Além, é claro, da sempre eficiente tradução de Wilson.

Realmente, a explicação não foi muito simples. Em suma, a indenização pertinente ao dano material considerou a expectativa de vida da época (72 anos), e o valor estabelecido foi equivalente a dois terços do salário que a vítima tinha no dia do acidente. Portanto, era um valor específico para cada família. A indenização relativa ao dano moral adotou um critério mais uniforme possível, independentemente se a família havia perdido um ou cinco parentes, se eram filhos menores ou maiores, se trabalhavam ou não. O valor pelo dano moral era um só, para todas as famílias.

Mais adiante, descobri que não foi exatamente assim que tudo ocorreu. Houve algumas distorções. Todavia, o valor foi justo.

Ao final dessas explanações, Jim e George solicitaram que aguardássemos a entrega de uma lista para cada escritório de advocacia, na qual constariam os valores indenizatórios de cada núcleo familiar.

Passamos o final da tarde e a noite inteira debatendo, com Jim e George, uma série de questões e detalhes. Já era bem tarde quando nos foi repassada a lista com os valores. Juntos ainda, ficamos analisando a lista até quase uma da manhã.

Também era incumbência do escritório de advocacia brasileiro informar aos seus clientes os valores indenizatórios propostos. Foi bastante enfatizada a questão da confidencialidade da informação; era absolutamente essencial o sigilo. Apenas a família e seus advogados poderiam saber os valores. Ninguém mais. De madrugada, a reunião terminou.

Vívian e eu, já no nosso quarto do hotel, ainda fizemos um minucioso estudo sobre o valor proposto a cada familiar. Buscamos comparativo com a jurisprudência brasileira e, após detalhada análise de cada caso, entendemos que ao menos um de nossos casos não havia sido devidamente indenizado. Decidimos que falaríamos com Jim e George mais tarde, ou seja, ainda naquele sábado mesmo. Era quase de manhã quando fomos dormir.

Marcamos um horário no sábado à tarde para falar com George e Jim. Nesse encontro, após alguns esclarecimentos, soubemos que eles haviam negociado junto à seguradora um valor total para as 77 famílias, do qual eles deliberaram o *quantum* para cada família. No final, conseguimos aumentar o valor da família que era nossa cliente, pois Jim e George foram sensíveis, e nossas argumentações eram totalmente procedentes para aquele caso específico. E, ainda, estendemos a reunião a fim de compreender mais a mecânica do acordo.

Agora, o próximo passo era entrar em contato com as famílias, explicar a situação e, caso positivo, coletar as assinaturas, pois havia sido estipulado o prazo de vinte dias para todos firmarem o acordo.

Adianto aqui que todos assinaram o acordo. A ação havia sido finalizada. Foi um momento da história brasileira que quis o destino que eu participasse. E no aspecto indenizatório, pode-se considerar que foi uma missão cumprida!

CAPÍTULO 23

UNIÃO

É INCRÍVEL COMO a vida das pessoas pode mudar de rumo em minutos! Um determinado fato acontece e nada mais volta a ser o que era antes.

Um dos casos de que tomei conhecimento se referia a uma vítima que mantinha uma relação com outra pessoa do mesmo gênero; era um casal com união homoafetiva. O companheiro, Jaime, vivia em Porto Alegre; e a vítima, Júlio, viajava constantemente. A família da vítima era do interior do estado do Espírito Santo e não sabia da relação que Júlio mantinha com Jaime. Após o acidente, a família descobriu, pois Jaime reivindicara o seu direito, haja vista a relação de união estável que tinha com a vítima. Os dois realmente formavam um casal; só faltava assumir a união perante a família da vítima. E o acidente permitiu isso! Jaime sempre comparecia às reuniões, inicialmente de maneira discreta. Depois, assumiu, diante de todos, o relacionamento que tinha com Júlio. Foi uma atitude de coragem, sem dúvida.

Soube também de uma família da região Norte do país que residia em Porto Alegre. O jovem estava começando a carreira como funcionário da TAM; naquele dia do acidente, ele estava superatrasado, a caminho do aeroporto, e o irmão o acompanhava. Chegando ao balcão da TAM, foi negado o ingresso do passageiro, pois o *check-in* já tinha sido encerrado. O irmão insistiu muito até que a TAM cedeu e concordou com o embarque do referido passageiro.

Enfim, as histórias são muitas...

Alguns acham que o destino estava traçado para essas 199 pessoas. É claro que os reais culpados pela tragédia, ou pelo menos aqueles que contribuíram para que o acidente ocorresse, estão soltos.

Por outro lado, as passeatas das famílias, organizadas pela magnífica Afavitam, ao longo dos anos que se seguiram ao acidente, conseguiram mudar, para melhor, muitos fatores na aviação brasileira. Os membros da Afavitam lutaram como guerreiros em uma guerra santa! E contra adversários terríveis e com muito poder econômico.

A questão jurídica resolveu-se por acordo, tanto na versão estadunidense quanto na da Câmara de Indenização.

Conduzida pelo Ministério Público (MP), a investigação policial foi concluída em 19 de novembro de 2008. Para o MP, deveriam ser condenados a ex-diretora da Agência Nacional de Aviação Civil (Anac), Denise Abreu, e o diretor de segurança da TAM, Marco Aurélio dos Santos de Miranda, por atentado contra a segurança do transporte aéreo de modo intencional.

Essa investigação policial do MP revelou que, em fevereiro de 2007, a juíza federal de São Paulo, Cecilia Marcondes, anunciou uma ação para restringir os pousos em Congonhas em dias de chuva. Na ocasião, Denise apresentou um documento que garantia a segurança do aeroporto, mesmo em dias de chuva, mas que foi aceito pela juíza apenas como estudo técnico, proibindo as operações em caso de lâminas d'água maiores do que três milímetros. Por não ser uma norma, mas, sim, um estudo técnico, não havia a obrigatoriedade de segui-lo.

Em 2011, o MP estabeleceu um inquérito criminal contra Denise Abreu, Marco Aurélio dos Santos de Miranda e Alberto Fajerman, vice-presidente de operações da TAM. Eles foram acusados de negligenciar a segurança do transporte aéreo, permitindo pousos de aeronaves em condições adversas, mesmo sem as ranhuras na pista de Congonhas. O julgamento teve início em São Paulo em 2013. Em 2014, o MP retirou as acusações contra Alberto Fajerman por falta de provas. A acusação de falsidade ideológica contra Denise Abreu foi retirada em novembro de 2014. Ou seja, os três acusados no inquérito, Denise, Marco e Alberto, não foram condenados.

Em 2014, a seguradora Itaú Seguros, empresa responsável pelo pagamento de indenizações pela tragédia, lançou uma ação judicial no Brasil contra a Airbus, no valor de R$ 350.000.000,00 (350 milhões de reais, cerca de 156,2 milhões de dólares naquele ano). A Airbus, em nota, afirmou que, com base nos relatórios finais divulgados pelo Cenipa (Centro de Investigação e Prevenção de Acidentes), a empresa não teve nenhuma participação direta no desastre, sendo a responsabilidade da TAM, por falta de treinamento; da Anac, por liberar a pista sem os *groovings* (ranhuras na pista que servem para escoar água e aumentar a aderência dos pneus da aeronave ao solo); e dos pilotos, pela configuração errônea dos manetes.

Em setembro de 2009, dois anos após a tragédia, o Cenipa divulgou o relatório final do acidente. Concluiu-se que um dos manetes que controla os motores estava em posição de aceleração, em vez de estar em posição de pouso, mas não foi provado se houve falha mecânica ou humana.

O relatório sugere duas hipóteses para o acidente. Na primeira, haveria uma falha no controle de potência dos motores do avião Airbus A320, que teria mantido um dos manetes em aceleração, independentemente da sua posição real. Em tais circunstâncias, haveria uma falha mecânica da aeronave. Na segunda hipótese, o piloto teria realizado um procedimento diferente do previsto no manual, no qual teria configurado os manetes irregularmente, o que ocasionaria uma falha humana.

Além das posições dos manetes, o relatório se refere a vários fatores que podem ter contribuído para o acidente, como chuvas intensas no dia, formação de poças d'água na pista, bem como a ausência de *groovings*. O relatório não citou o tamanho da pista como fator contribuinte para a queda do avião.

No dia 17 de julho de 2012, foi erguido, no local do acidente, um Memorial em homenagem às vítimas. Localizado na Praça Memorial, é composto por um espelho d'água, no qual estão gravados os nomes das vítimas, além de uma amoreira que resistiu ao acidente.

Quanto a mim, tenho a dizer que a minha vida também mudou inteiramente após o voo JJ 3054. Meus clientes são, hoje, meus amigos. Com alguns, ainda mantenho contato.

Profissionalmente, resolvi seguir o caminho das indenizações. Atuei nos acidentes da Air France (2009), do navio Costa Concordia (2012), da Chapecoense (2016), no acidente que levou Teori Zavascki a óbito (2017) e em muitos outros desastres aéreos e terrestres. Assumi a paixão pela responsabilidade civil – a parte do Direito que trata de indenização – e me tornei um especialista no assunto.

A experiência de ter atuado no acidente da TAM me tornou um ser humano mais sensível e que valoriza, cada vez mais, cada minuto de nossa vida!

Por fim, não posso deixar de registrar a minha profunda admiração e respeito pelos heróis que construíram e lutaram pela **Afavitam**!

CAPÍTULO 24

AS LUTAS DAS INDENIZAÇÕES NÃO TERMINARAM

ÀS VEZES, O desdobramento da indenização decorrente de um acidente aéreo não cessa tão brevemente.

No caso do acidente da TAM de 2007, mesmo após onze anos da tragédia, ainda surtem efeitos jurídicos. Além disso, evidentemente, os danos psicológicos resultantes da perda dos entes queridos jamais cessarão.

Em relação à indenização, é interessante relatar que 33 vítimas, por meio de seus familiares, ingressaram na justiça contra o fabricante da aeronave.

Como já informado, desde a primeira edição deste livro, assim como constou na mídia, o Cenipa (Centro de Investigação e Prevenção de Acidentes Aeronáuticos) divulgou seu relatório final em setembro de 2009, no qual considerou três principais causas para a ocorrência do acidente: (1) a falta de infraestrutura do aeroporto em razão da escassez de *groovings* (ranhuras) na pista de pouso e de decolagem do aeroporto de Congonhas, (2) a autonomia excessiva aplicada aos computadores da aeronave e (3) o erro do piloto ao configurar a manobra, visto que ele não seguira o procedimento padrão para frear o Airbus A320.

O relatório do Cenipa recomendou 83 alterações de procedimentos para evitar um novo desastre.

No que tange à Airbus, fabricante da aeronave, o Cenipa recomendou a instalação de dispositivos que emitem luzes e avisos sonoros para alertar o piloto em casos de erros de posição dos manetes.

Após o acidente, a Airbus alterou o procedimento de frenagem da aeronave, e o Airbus A320 não é mais freado com os manetes na posição utilizada até então.

Essa modificação no procedimento, aliada ao relatório do Cenipa, ensejou as famílias das vítimas a moverem ação indenizatória contra a Airbus. Também em razão dessa responsabilidade da Airbus, a seguradora da TAM ingressou, em 2011, com uma ação de regresso contra a empresa francesa, com o intuito de recuperar os valores pagos às famílias das vítimas.

Quanto às indenizações das famílias das vítimas, em 2017, apenas duas famílias ainda não tinham sido ressarcidas, em razão de seus processos estarem tramitando na justiça brasileira. De qualquer maneira, isso comprova que as questões jurídicas decorrentes do maior acidente aéreo da aviação brasileira levaram um bom tempo para serem finalizadas.

É por isso que o desdobramento jurídico relatado neste livro é inédito!

Pelo menos dois grandes fatos marcaram muito fortemente a questão jurídica indenizatória envolvendo o acidente. O primeiro transcendeu fronteiras e é de extrema relevância no âmbito do Direito brasileiro e estadunidense; trata-se da ação indenizatória nos Estados Unidos, haja visto ter um passageiro estadunidense no voo, o que ensejou uma ação indenizatória em Miami. O segundo fato é também pioneiro: as Câmaras de Indenização, criadas pela Defensoria Pública e pelo Ministério Público do Estado de São Paulo, tiveram êxito ao mediar o conflito indenizatório entre a companhia aérea e sua seguradora e as famílias das vítimas, com seus respectivos advogados.

Ademais, após quase vinte anos de sua criação, as Câmaras de Indenização inovaram a área jurídica, uma vez que o Novo Código de Processo Civil, que entrou em vigor em março de 2016, tem como um dos seus princípios a mediação.

No entanto, nada vai substituir a dor das famílias das vítimas, que tiveram seus projetos de vida ceifados de maneira trágica, precisando reinventar suas vidas para seguirem em frente, mesmo com a lembrança daquele terrível 17/07/2007.

Adelaide Moura
Adrién Bisson
Akio Iwasaki
Alanis Andrade
Alejandro Guilhermo Camozzi
Alexandre L. Catussatto
Alexandre Rafael de Góes
Aline Manteiro Castígio
Alvaro Alexandre da Rocha Pinto Breguez
Ana Carolina Santos da Cunha
Anderson Luis Falleiro Cassel
Andrea Rota Sieczkowski
Andrei François Mello
André Ura Dona
Ângela Haensel
Angélica Rojek
Antonio Carlos Araujo de Souza
Antonio Gualberto Filho
Arnaldo Batista Ramos
Arthur Souto Maior de Queiroz
Atilio Sassa Bilibio
Bruna de Villy Chaccur
Bruno Ferraz
Bruno Nascimento
Caio Augusto Bueno Dalprat
Caio Felipe Santos da Cunha
Carla Fioratti
Carlos Alberto Andriotti
Carlos Gilberto Zanotto
Carlos Rockemback
Carmen Luisa Victoria Fonseca
Cassia Negretto
Cassio Vieira Servulo da Cunha
Catilene Maia de Oliveira
Christine Souza
Ciro Numada
Claudemir Buzzanelli Arriero
Cláudia Bárbara
Clove Mendonça Júnior
Daniela Bahdur Dias Pinto
Décio Tevola
Demétrio Travessa
Denilson Lopes Costa
Deolinda Magaly Victor Fonseca
Diogo Casagrande Salcedo
Douglas Henrique Outor Teixeira
Edmundo Bernardo Silva Smith
Eduardo Mancia
Elaine Tavares da Silva
Elcita da Silva Ramos

Elenilze Ferraz
Eliane Soares Dornelles
Elida Dembinski
Emerson Freitag
Enrico Shiohara
Esio Siqueira Freitas
Évelyn Cristine Leo Campos
Fabiana Amaral
Fabiane Conde Ruzzante
Fabiano Rosito Matos
Fábio Costa Balsells
Fabíola Ko Freitag
Fabio Martinho Novakoski Fernandes
Fábio Velloza
Fábio Vieira Marques Júnior
Felipe de Aquino Fratezi
Fernando Antonio Laroq Oliveira
Fernando Fleck Pessoa
Fernando Marques Jesus
Fernando Tergolina
Fernando Volpe Estato
Gabriel Correa Pedrosa
Gilmar Tenorio Rocha
Gottfried Tagloehner
Guilherme Duque Estrada de Moraes
Guilherme Reis Pereira
Gustavo Martins
Gustavo Pereira Rodrigues
Helen de Cassia Zerillo
Heloiza Helena Lopes
Henrique Stephanini Di Sacco
Heurico Hiroshi Tomita
Inês Maria Kleinowski
Ivalino Bonatto
Ivanaldo Arruda da Cunha
Jamile Ponce de Leon
Janus Lucas Leite Silva
Jaqueline Dias
João Francisco Caltabiano
João Roberto Brito
João Valmir Lemes de Souza
José Américo Flores Amaral
José Antônio Lima Luz
José Antonio Rodrigues Santos Silva
José Carlos de Oliveira
José Carlos Pierucetti
José Luiz Souto Pinto
Júlia de Oliveira Camargo
Julia Elizabete Gomes
Julio Cesar Redecker

Karen Melissa Ramos
Kátia da Luz Escobar
Katiane Lima
Kleyber Aguiar Lima
Larissa Ferraz
Leila Maria Oliveira dos Santos
Levi Ponce de Leon
Lina Barbosa Cassol
Lisiane Cirlei da Pieze Schubert
Lucas Palomino Mattedi
Luciana Siqueira Lana Esteves
Luis Antônio Sarapaio Schneider
Luiz Antônio Rodrigues da Luz
Luiz Baruffaldi
Luiz Fernando Soares Zacchini
Madalena Silva
Mara Aline Pereira da Silva
Marcel Cassal Vicentim
Marcello Rodrigues Palmieri
Marcelo de Oliveira Pedreira
Marcelo Marthe
Marcelo Stelzi
Marcio Alexandre de Moraes
Marcio Rodério Andrade
Marco Antonio da Silva
Marcos A. L. Curti
Marcos Antônio Lemes Curte
Marcos Dias Stepansky
Maria Elizabete Caballero
Maria de Fátima Santiago
Maria Isabel Caballero Gomes
Mariana Simonette Pereira
Mariana Suzuki Sell
Mario Lopes Correa Gomes
Marli Pedro Santos
Marta Maria Franco Laudaris de Almeida
Melissa Andrade Ura
Mery Wilma Garsk Vieira
Michele Dias Miranda
Michelle Leite
Michelle Silveira Unterberger
Mirelle M. F. Bettiol
Mirtes Tomie Suda
Nadia Moyses
Nadja Soczeck de Paula
Nelly Elly Priebe
Nelson Wiebbelling
Oswaldo Luiz de Souza
Patrícia Hauschild
Paula Masseran de Arruda Xavier

Paulo Cassiano Felizardo Oliveira
Paulo de Tarso Dresch da Silveira
Paulo Pavi
Paulo Rogerio Amoretty Souza
Pedro Augusto Caltabiano
Pedro Miguel Abreu
Peter Finzsch
Priscila Bertoldi Silva
Rafaella Bueno Dalprat
Raquel Soares Warmiling
Rebeca Haddad
Remy Moller
Renan Klug Ribeiro
Renata Oliveira Gonçalves
Renato Garcia Ribeiro
Renato Soares da Silva
Ricardo Almeida
Ricardo Kley Santos
Ricardo Tazoe
Richard Salles Canfield
Roberto Gaviolli
Roberto Ilson Weiss Júnior
Rodrigo Benachio
Rodrigo Prado Almeida
Rodrigo Souza Moreale
Rogerio Sato
Rogerio Tadeu de Laurentis
Rosângela Maria de Ávila Severo
Rospierre Vilhena
Rubem Wiethaeuper
Sandro Schubert
Sergio Freitas
Silvan Stumpf
Silvânia Regina de Ávila Alves
Silvano Almeida
Silvia Grunewald
Simone Lacerda Westrupp
Sônia Maria Machado
Soraya Machado Charara
Suely Antonieta Stumpf Fleck
Suely Leal da Fonseca
Thais Volpi Scott
Thiago Domingos da Silva
Valdemarina Bidone de Azevedo e Souza
Valdir Cordeiro de Moraes
Vanda Ueda
Vilma Klug
Vinicius Costa Coelho
Vitacir Paludo
Zenilda Otília dos Santos